os *sentidos* das emoções

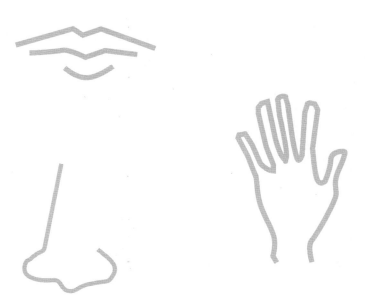

Reneau Peurifoy, M.A.

OS *sentidos* DAS EMOÇÕES

As descobertas científicas sob uma
perspectiva afetiva e espiritual

Título original: *Why did God give us emotions?*
Copyright © 2012 Reneau Peurifoy

Todos os direitos reservados. Nenhuma parte desta obra pode ser reproduzida ou transmitida por qualquer forma ou meio eletrônico ou mecânico, inclusive fotocópia, gravação ou sistema de armazenagem e recuperação de informação, sem a permissão escrita do editor.

Direção editorial
Jiro Takahashi

Editora
Luciana Paixão

Editora assistente
Anna Buarque

Assistência editorial
Roberta Bento

Preparação
Denise Santos

Revisão
Rinaldo Milese
Denise Dognini

Capa, diagramação e projeto gráfico
Ana Dobón

Produção e arte
Marcos Gubiotti

Imagem de capa: Getty Images/ Imagezoo

CIP-Brasil. Catalogação na fonte
Sindicato Nacional dos Editores de Livros, RJ

P61p   Peurifoy, Reneau Z.
        Os sentidos das emoções: As descobertas científicas sob uma perspectiva afetiva e espiritual / Reneau Peurifoy; [tradução Maiza Prande Bernardello]. — São Paulo: Prumo, 2012.
        208p. : 21 cm

        Tradução de: Why did God give us emotions?

        ISBN 978-85-7927-210-3

        1. Emoções - Aspectos religiosos - Cristianismo. 2. Emoções - Aspectos religiosos. 3. Vida espiritual. 4. Espiritualidade. 5. Psicologia e religião. I. Título.

12-3523.   CDD: 248.4
        CDU: 27-4

Direitos de edição para o Brasil: Editora Prumo Ltda.
Rua Júlio Diniz, 56 – 5º andar – São Paulo - SP – CEP: 04547-090
Tel.: (11) 3729-0244 – Fax: (11) 3045-4100
E-mail: contato@editoraprumo.com.br
Site: www.editoraprumo.com.br

SUMÁRIO

Prefácio 7

Capítulo 1
O mistério das emoções 11

Capítulo 2
O lado subjetivo das emoções 19

Capítulo 3
O lado físico das emoções 29

Capítulo 4
Seja um sábio condutor do seu corpo 41

Capítulo 5
O lado mental das emoções 53

Capítulo 6
Crenças principais 69

Capítulo 7
A janela da alma 91

Capítulo 8
As emoções e a vontade de Deus para você 107

Capítulo 9
Como Deus fala com você 123

Capítulo 10
Emoções que surgem inesperadamente 137

Capítulo 11
Emoções que são tabus 153

Capítulo 12
A verdadeira cura emocional 171

Apêndice 1
Sugestões para encontrar uma boa igreja 181

Apêndice 2
Sugestões para desenvolver uma rotina de oração 185

Apêndice 3
Sugestões de como procurar ajuda 189

Questões para discussões em pequenos grupos 195

PREFÁCIO

Eu não fui criado em um lar cristão. No entanto, minha mãe queria que meu irmão e eu recebêssemos alguns ensinamentos morais. Assim, ela nos levou à Igreja Batista, onde frequentamos a escola dominical. Ela nos buscava após as aulas e nos levava diretamente para casa. Apesar de não me lembrar de ter aceitado Cristo como meu salvador na minha infância, recordo-me bem de considerá-Lo como um grande amigo. Costumava ter longas conversas com Ele, especialmente quando me sentia magoado ou enfurecido com algo.

Quando eu tinha 8 anos, meu pai encerrou uma carreira de 21 anos na Marinha e nos mudamos para o subúrbio de Sacramento, na Califórnia, Estados Unidos. Eu adorava ir à igreja, ajudar na escola dominical e continuei a frequentar os serviços fielmente até o início do ensino fundamental. Meus pais não faziam objeção a isso, mas tampouco apoiavam ou incentivavam minha atitude. Então, no início da sétima série, parei de ir à igreja. Ainda considerava Jesus um bom amigo, porém meus olhos de adolescente pré-colegial viam muita hipocrisia naqueles que frequentavam a igreja. Por isso, acreditando que poderia conhecer Deus sozinho, eu parei de ir.

Durante o colegial, focalizei a ciência como minha grande fonte de verdade e de sabedoria. Ganhei até mesmo o apelido de "Spock" de meus amigos por causa do personagem de *Jornada nas Estrelas*, filme muito popular naquela época. Graduei-me no colegial em 1967, o ano do "verão do paz e amor" no não tão distante distrito de Haight-Ahsbury, em São Francisco. Embora eu nunca tenha sido *hippie*, a influência desse movimento, decerto, era muito forte em Sacramento. Isso foi especialmente verdadeiro nos meus anos de calouro na universidade, quando passei muito tempo perambulando pelo *campus* tocando violão.

Em 1969, me juntei a um grupo budista e me tornei um membro muito ativo do grupo. Durante esse período progredi nos estudos do departamento e me tornei professor da doutrina budista. Foi nessa época que conheci minha esposa, Michiyo. Depois de cinco anos me decepcionei com o budismo e focalizei na doutrina *new age*, ou nova era. Mais cinco anos, decepcionei-me também com os ensinamentos *new age*, e a psicologia tornou-se minha nova verdade, à medida que eu perseguia meu mestrado em aconselhamento e me preparava para me tornar um terapeuta de casais. Foi nessa época que nasceu meu primeiro filho. Quando meu menino fez 4 anos, decidi que era hora de ele ir para a igreja, da mesma forma que minha mãe tinha feito comigo, para que aprendesse alguns princípios morais.

Nesse período, eu estava fazendo um estudo para desenvolver um programa para pessoas com síndrome do pânico. Sabia que a senhora que estava me ajudando a desenvolver o conteúdo do programa era uma cristã convicta, então lhe perguntei sobre a igreja que frequentava, e ela me convidou a participar e a ver por mim mesmo. Comecei a levar meu filho à escola dominical e voltei à assistir às sessões de louvor enquanto meu filho estava na escola. Como jovem adulto que era, considerei que a fé cristã era um tanto simplista. Agora, porém, ouço a interpretação do *Evangelho* de uma perspectiva adulta e madura. Minha busca por Deus terminou, fui batizado em 2 de dezembro de 1984.

Quando terminei meu primeiro livro, *Anxiety, Phobias & Phanic: taking Charge and Conquering Fear* [Ansiedade, fobias & pânico: assumindo o controle e superando o medo], em 1988, percebi que desejava escrever uma versão complementar dele, sob a perspectiva cristã. No entanto, por ter retornado à igreja havia apenas quatro anos e por ter tantas ideias conflitantes ainda dentro de mim, eu sabia que não estava pronto para a tarefa. Assim, pedi à mulher de nosso pastor-chefe que escrevesse o prefácio do meu primeiro livro. Embora não fosse exatamente o que eu desejava, já era um começo.

Em 1995, comecei a frequentar o programa de extensão do Fuller Seminary, a fim de aprofundar meus conhecimentos sobre a *Bíblia*. A essa altura, eu tinha aprendido grego e comecei a estudar o *Novo Testamento* em grego. Um ano depois, eu escrevi o primeiro rascunho deste livro, mas após ter escrito vários capítulos também me dei conta de que minha compreensão e fé ainda não estavam maduras o suficiente para que eu escrevesse o livro que desejava escrever. Então, deixei a ideia um pouco de lado. Fiz outra tentativa de escrevê-lo cinco anos mais tarde e, de novo, o resultado não me agradou.

Agora, depois de 20 anos praticando a humildade e aprendendo em Cristo, acredito que Deus tenha me ajudado a escrever um livro que poderá ser útil para muitas pessoas. Desde o início, sempre tive dois objetivos: queria abordar o que a ciência já descobriu a respeito das emoções, sob uma perspectiva bíblica; e queria fazê-lo de uma forma que ajudasse a fortalecer a caminhada dos leitores com Deus. Ao longo das últimas duas décadas, vi o poder e os conhecimentos da ciência e da psicologia serem usados para tornar nossa vida mais confortável. Ao mesmo tempo, também me tornei mais consciente da incapacidade de a ciência e a psicologia, sozinhas, acabarem com a verdadeira causa da miséria e do sofrimento humanos: o pecado e nosso distanciamento de Deus.

Todas as minhas preces são para que você possa ser abençoado ao ler o que escrevi ao longo destas páginas.

Reneau, 2009

CAPÍTULO 1

O MISTÉRIO DAS EMOÇÕES

Jerry e Kathy estavam casados havia apenas um ano quando descobriram que Kathy estava grávida. A notícia da gravidez trouxe a ambos uma alegria que nunca tinham sentido antes. Pouco tempo depois, essa alegria se multiplicou ao saberem que teriam gêmeos. Eles agradeciam a Deus todos os dias enquanto preparavam o quartinho e o enxoval para a chegada dos bebês. Então, no dia em que Jerry e Kathy foram ao hospital para a chegada dos gêmeos, a tragédia se abateu sobre eles. A primeira a nascer, uma menininha, lutou bravamente pela vida, mas não sobreviveu. A segunda menina já estava morta quando os médicos a tiraram [do ventre da mãe]. Enquanto Kathy soluçava, Jerry ficou imóvel, aturdido demais para reagir à dor dilacerante que se apossara dele.

Em uma fração de segundo, a alegria havia se transformado em uma dor tão grande que era quase impossível suportá-la. Nos dias que se seguiram, Jerry e Kathy se questionavam se teriam perdido a fé. Se não fosse isso, por que estariam tão revoltados com a perda trágica que haviam sofrido? À medida que lutavam contra o fluxo de emoções que os assolava, parecia que tudo era demasiadamente intenso, repentino e confuso.

As emoções são um dom misterioso. Como aconteceu com Jerry e Kathy, elas nos levam às alturas e ao êxtase e, depois, nos jogam nas rochas do desespero. Mas as emoções são muito mais do que isso. Elas

11

podem nos manter firmes e fortes ou nos deixar completamente desolados. Podem levar alguns a ter gestos nobres de coragem e altruísmo, ao passo que em outros podem ser a força terrível que gera atos malévolos e destrutivos.

Por que Deus nos fez assim? Por que devemos aprender a administrar e a lidar com esse maravilhoso e complexo dom a que chamamos emoções? Nas páginas a seguir exploraremos essas duas questões básicas, porém muito profundas. Nessa busca por respostas, você desenvolverá habilidades que o ajudarão a lidar mais efetivamente com suas emoções e aprenderá como elas podem aproximá-lo de Deus e ajudá-lo a conhecê-lo melhor.

A VERDADEIRA NATUREZA DAS EMOÇÕES E A PARÁBOLA DO ELEFANTE

Uma famosa parábola indiana discorre sobre seis cegos que encontraram um elefante pela primeira vez. Como cada um deles tocou partes diferentes do corpo do elefante, eles chegaram a conclusões conflitantes sobre como ele era. O primeiro homem tocou a perna do elefante e afirmou que o elefante era como um pilar. O segundo tocou a cauda do animal e declarou que ele era como uma corda. O terceiro tocou a tromba e afirmou que ele era como o ramo grosso de uma árvore. O quarto tocou a orelha e gritou que o elefante era como um grande leque. O quinto tocou a lateral do elefante e declarou que ele era como uma grande muralha. O sexto tocou a presa e afirmou que o elefante era como uma lança. Embora a percepção que cada homem teve da parte tocada fosse correta, nenhum deles tinha, de fato, compreendido a verdadeira natureza do elefante.

O mesmo engano pode ser cometido quando aspectos individuais das emoções são estudados sem avaliar periodicamente como eles se inter-relacionam. Os quatro principais aspectos da emoção, com frequência estudados separadamente, são:

- *A natureza subjetiva das emoções.* Isso inclui como elas o fazem se sentir, como atraem e concentram sua energia e atenção e como o impelem a tomar atitudes para obter as coisas que você deseja e para evitar aquelas que não deseja. Esse aspecto das emoções também inclui a experiência direta com os eventos e conceitos, o que é muito mais forte do que o simples conhecimento.

- *O lado físico das emoções.* Inclui as várias partes do cérebro associadas às emoções, as reações físicas que elas causam em seu corpo e a forma como doenças, ferimentos ou qualquer outro problema no cérebro afetam sua maneira de sentir e de pensar.
- *O lado mental das emoções.* Inclui o papel que seus pensamentos e crenças exercem ao gerar emoções e como as emoções, por sua vez, afetam seus pensamentos.
- *O lado espiritual das emoções.* Inclui a maneira como as emoções revelam tanto seu verdadeiro eu como a natureza de seu relacionamento com Deus, à medida que você luta para sobreviver num mundo conturbado. Também inclui a maneira como as emoções nos dão *insights* e/ou percepções sobre a natureza de Deus.

Nos próximos nove capítulos, você começará a explorar o intricado mundo das emoções. Como os seis homens cegos da parábola, você verá cada um dos quatro aspectos básicos das emoções separadamente. Uma vez que tiver feito isso, estará apto a seguir para o Capítulo 10 e, consequentemente, a passar a vê-los como parte de um todo e [entenderá] como cada parte dessas interage com a outra. No entanto, antes de iniciar nossa jornada, gostaria de abordar duas questões brevemente.

SERÁ QUE ALGUMAS EMOÇÕES SÃO BOAS E OUTRAS RUINS?

Cristãos, em geral, costumam passar muito tempo se perguntando como algumas emoções, como o amor, são boas, e outras, como a ira, são ruins. Isso é o mesmo que tentar descobrir se suas mãos são boas ou más. As emoções, como todos os outros aspectos de seu ser, foram originalmente concebidas para ajudá-lo a servir e a agradar a Deus. No entanto, como ações executadas por suas mãos, que podem agradar ou aborrecer a Deus, suas emoções também podem servir ao Bem ou ao Mal. O que precisamos fazer é nos concentrar na fonte/causa da emoção ou da ação.

Certa feita, quando os fariseus perceberam que os discípulos de Jesus não estavam seguindo o ritual de lavar as mãos antes de comer, eles O questionaram sobre isso. Depois de salientar como os fariseus tinham se deixado consumir pelos rituais e falhado ao seguir os mandamentos de Deus, Jesus convocou a multidão e disse: "Ouçam e entendam. Tudo o que entra na boca do homem não pode torná-lo impuro, mas tudo o que sai da boca do homem, isso sim pode torná-lo impuro" (Mateus, 15:10-11). Quando mais tarde Pedro O interrogou sobre esse assunto, Jesus explicou que "as coisas que saem da boca vêm do coração, e isso torna o homem impuro, pois do coração vêm pensamentos malévolos, como os que geram assassinatos, adultério, imoralidade sexual, roubo, falso testemunho, trapaças. Isso é o que torna o homem impuro" (18-20). Tenha em mente que, quando o *Novo Testamento* se refere ao coração, ele não está fazendo menção apenas ao centro das emoções, como se faz modernamente. Em vez disso, o *Novo Testamento* usa "coração" para se referir ao âmago de uma pessoa: sua mente, seus desejos, suas emoções, seu espírito e sua alma.

O ponto chave aqui é que a fonte do Mal está na mente e no coração consumidos pelo pecado. As ações que você toma e aquelas que vivencia são apenas uma manifestação exterior do que vai em seu coração e em sua alma. Deixe que o Espírito Santo transforme sua alma no que Deus deseja que ela seja. Quando isso ocorrer, suas emoções, seus desejos e pensamentos serão transformados também e passarão a funcionar mais de acordo com a vontade de Deus.

NÃO LEIA APENAS, VIVENCIE TAMBÉM

Diversos tipos de pessoa vão ler este livro. Algumas simplesmente o lerão para satisfazer sua curiosidade intelectual. Outras o farão porque elas próprias, ou algum ente querido, estão sendo obrigadas a lidar com algum problema emocional em suas vidas. Independentemente da razão que o levou a iniciar a leitura, eu o aconselho a aproveitar seu tempo enquanto lê e as "Atividades Recomendadas" que estão ao final de cada capítulo. Ainda que simplesmente, ao ler as informações aqui contidas, você possa ter algumas percepções e *insights* muito valiosos, inúmeros pontos discutidos ao longo dos próximos capítulos não podem ser inteiramente compreendidos até você vivenciá-los por meio das atividades apresentadas ao final de cada capítulo.

À medida que trabalhar com essas atividades, você perceberá que algumas são fáceis de realizar, outras, mais difíceis, e ainda haverá aquelas que o deixarão desconfortável. As atividades mais fáceis provavelmente abordam aspectos de suas emoções com os quais você se sente confortável, áreas saudáveis de sua vida ou habilidades que você domina. As atividades difíceis ou que o deixam desconfortável, decerto, envolvem áreas de sua existência que você precisa desenvolver, curar ou mesmo pedem habilidades que você ainda não domina. Em razão disso, você pode sentir-se inclinado a dedicar menos tempo a algumas atividades, e mais a outras. Tudo bem se for assim, desde que você pratique os exercícios. Embora alguns exercícios a princípio possam lhe parecer desconfortáveis ou irrelevantes, os resultados obtidos ao praticá-los podem surpreendê-lo.

Se você está lendo este livro porque tem emoções com as quais vem lutando durante algum tempo, tenha em mente que passou a vida inteira desenvolvendo seu atual padrão de pensamento e comportamento emocional. Mudar qualquer um deles demanda tempo. Mais importante ainda, mudar qualquer um deles para os padrões que Deus aprecia depende de seu relacionamento com Ele e do grau de controle que você permite que o Espírito Santo tenha sobre sua caminhada diária. Seja paciente e confie que o Espírito Santo está envolvido nesse processo, ajudando-o a seguir adiante no passo certo para suas necessidades. Na realidade, você não perceberá de imediato quando uma mudança ocorrer, mas só se dará conta disso mais tarde. É assim que o crescimento e o amadurecimento acontecem. Se você dedicar-se e usar este livro como ele foi concebido para ser usado – fazendo todas as leituras e aplicando o máximo de sugestões possível em seu dia a dia, mesmo quando lhe parecerem frívolas ou descabidas – não apenas ganhará um total entendimento do porquê Deus lhe deu emoções e do papel que elas desempenham em sua vida, mas também desenvolverá novas habilidades para administrar suas emoções de uma forma que agrade a Deus.

Para encerrar este capítulo, escolhi fazer eco ao apóstolo Paulo e pedir que Deus use este livro de tal forma que possa ajudá-lo a honrar e agradar a Ele para que sua vida produza todos os tipos de bons frutos. E, com certeza, você crescerá à medida que aprender a conhecer a Deus cada vez melhor...

[Eu] também oro para que você seja fortalecido pelo glorioso poder do Senhor, para que assim tenha toda a paciência e a resistência de que precisa para prosperar e ser feliz. Que a alegria e a paz [do Senhor] estejam com você, dando sempre graças ao Pai. Ele permitiu que você partilhasse a herança de seu povo, daqueles que vivem na luz. Ele nos resgatou do reino das trevas e nos conduziu ao reino do Seu filho amado, que perdoou nossos pecados e nos deu o livre-arbítrio. (Colossenses 1:10-14, NTLH [Nova Tradução na Linguagem de Hoje]).

▸ **ATIVIDADES RECOMENDADAS**

PEÇA A DEUS QUE O AJUDE A USAR
ESTE LIVRO PARA APROXIMAR-SE DELE

Não foi por acaso que você descobriu este livro. Existe alguma coisa nele que Deus quer que você aprenda. A melhor maneira de assegurar que não vai perder o que Deus deseja lhe revelar é convidá-Lo a participar de sua leitura. Todas as vezes que pegar este livro ou trabalhar em seu diário ou agenda de notas, reserve um momento para pedir a Deus que abra seu coração e sua mente para o que Ele tem a lhe dizer. Ele quer falar com você por meio deste livro.

FAÇA UM DIÁRIO ENQUANTO LÊ
OS CAPÍTULOS DESTE LIVRO

Eu veementemente recomendo que você mantenha um diário, ou caderno de anotações, enquanto lê este livro. Um diário ou caderno lhe permitirão anotar os exercícios de maneira que poderá retomá-los mais tarde [quando precisar ou desejar]. Além do mais, é natural manter anotações e registro de informações quando estamos aprendendo algo.

Você não precisa usar um volume grosso e caro, um simples caderno espiral servirá. Alguns podem preferir registrar suas anotações no computador. Sinta-se à vontade para escolher o que lhe parecer melhor. Ao trabalhar com suas anotações, tenha em mente que privacidade é essencial para que possa escrever tudo com honestidade e ter completa liberdade para manifestar-se. Não escreva para uma "audiência invisível" porque tentativas de agradar a alguém podem levá-lo a perder muitos dos benefícios de manter um diário. Você também não precisa escrever todos os dias. Ainda que muitos considerem que seja melhor manter registros diários, outros acreditam que escrever duas ou três vezes por semana atende melhor às necessidades deles.

Enquanto estiver escrevendo seu diário, tenha em mente que o maior valor disso não é o registro permanente do que está criando, mas sim seu esforço [e crescimento] ao fazê-lo. O ato de escrever é muito importante em qualquer processo de aprendizagem, pois envolve muitas áreas do cérebro. É por isso que lições escritas são fundamentais para o processo de educação formal. Quando se está lidando com questões emocionais, o registro escrito também o ajuda a ser mais objetivo. Com frequência, as pessoas consideram que lidar com os pensamentos no papel é mais fácil do que lidar com eles apenas na mente.

RESERVE ALGUNS MINUTOS PARA PENSAR O QUE VOCÊ DESEJA OBTER COM A LEITURA DESTE LIVRO

Reserve algum tempo e respondas a estas duas questões:

- Por que estou lendo este livro?
- O que desejo obter com esta leitura?

Registre as respostas em seu diário ou caderno de anotações.

Seguem exemplos do que quatro pessoas diferentes escreveram em seus diários:

Gostaria de entender melhor minhas emoções. Algumas vezes fico zangado com mais frequência do que deveria e gostaria de aprender a lidar com isso.

Estou curioso para saber como minhas emoções se encaixam nos planos que Deus tem para mim.

Não entendo o que leva meu marido a reagir de determinadas maneiras. Gostaria de compreendê-lo melhor e de aprender a não me zangar ou me magoar com algumas coisas que ele faz.

Gostaria de entender por que, sendo cristão, às vezes me sinto tão deprimido. Já cheguei até a pensar em suicídio. Sei que isso é errado, mas não consigo evitar.

CAPÍTULO 2

O LADO SUBJETIVO DAS EMOÇÕES

No primeiro capítulo deste livro, você aprendeu que as emoções podem ser estudadas de diferentes pontos de vista: subjetivo, físico, mental e espiritual. Neste capítulo, começaremos a explorar o primeiro desses aspectos: o lado subjetivo das emoções. Vamos começar por considerar [a história de] John, que tinha acabado de completar o curso teórico, mas ainda precisava de prática para dirigir.

Logo depois de ter recebido sua carteira de habilitação, os pais dele, orgulhosos pela conquista do filho, pediram-lhe que fosse dirigindo sozinho a um determinado lugar que exigia que ele passasse por uma via expressa. Enquanto fazia isso, John colocou sua música favorita no rádio, aumentou o volume ao máximo e sentiu-se muito feliz com a liberdade recém-conquistada. No percurso pela via expressa, ele seguiu cantarolando com a música ao mesmo tempo em que pensava como seus amigos da escola o invejariam ao vê-lo.

De súbito, ele viu um carro, que não tinha avistado antes, vindo em sua direção. Sem pensar no que estava fazendo, pisou no freio e derrapou violentamente. Por sorte não havia nenhum outro veículo perto e isso lhe permitiu recuperar o controle do carro e chegar ileso ao seu destino, apesar de ter ficado um tanto abalado com o que tinha acontecido.

Durante todo o seu treinamento, John havia ficado muito atento ao que o instrutor lhe dissera sobre a necessidade de prestar muita atenção ao redor de si, especialmente quando estivesse em uma via expressa. Ele também tinha compreendido qual era a maneira correta de usar os freios numa situação como aquela. No entanto, como ocorre com tantas outras coisas que aprendemos, aquilo tudo era apenas informação. Agora, a experiência que ele acabara de vivenciar conferia àquelas informações um significado novo e mais profundo que o tornaria um motorista melhor. Na realidade, depois do que houve, ele ficou muito mais consciente de como entrar e sair de uma via expressa e de qual é a maneira correta de usar os freios.

Essa história simples ilustra dois aspectos fundamentais do papel subjetivo das emoções: elas dão sentido às experiências que temos em nossas vidas e geram a motivação que conduz e direciona nosso comportamento.

SEU MUNDO INTERIOR E EXTERIOR

O lado subjetivo das emoções é parte do que, com frequência, é chamado de *realidade subjetiva*. Sua realidade subjetiva inclui tudo o que você vivencia dentro de si que ninguém mais pode viver ou experimentar diretamente. Por outro lado, a realidade objetiva inclui tudo o que você vivencia que não está no seu interior – tudo que tanto você como os outros podem ver, tocar, sentir, ouvir, cheirar ou concordar sobre algo ou alguma coisa. Por exemplo, tanto você como outras pessoas ao seu redor podem ver, tocar, cheirar e sentir o sabor de um pedaço de bolo. Você e a outra pessoa podem concordar a respeito da cor do bolo e se ele tem sabor de chocolate ou de limão. Vocês também podem estar de acordo se ele é doce ou salgado.

No entanto, embora você e as outras pessoas possam partilhar experiências objetivas comuns em relação ao bolo, suas experiências subjetivas serão muito diferentes. Você pode achar o sabor e o aroma do bolo agradáveis, ao passo que outra pessoa pode não gostar nem de um nem de outro. O sabor e o aroma também podem despertar lembranças de alegres celebrações de que você participou, de uma triste experiência na infância, pensamentos e sentimentos que a outra pessoa, decerto, não vai partilhar. Se você descrever seus pensamentos e sentimentos para a outra pessoa, com certeza, eles não significarão a mesma coisa que significam para você. Ainda que todos concordem que gostaram do bolo, nenhum de vocês saberá se estão gostando do bolo da mesma forma, pelas mesmas razões e/ou com a mesma intensidade. A única coisa que saberão é que ambos tiveram uma experiência prazerosa.

EMOÇÃO E MOTIVAÇÃO

O lado subjetivo das emoções exerce um papel fundamental para motivá-lo e levá-lo a agir de determinada maneira. Na realidade, à medida que as emoções se intensificam, elas criam um forte ímpeto e necessidade de tomar uma atitude em relação ao que quer que seja. Esse papel da emoção pode ser visto na origem da palavra *emoção*, que significa "mover". Isso pode ser observado com mais facilidade, especialmente no inglês moderno, na palavra *e-motion*. As emoções tendem a ser agrupadas em um de três grupos: emoções como a empolgação ou a alegria, que são uma resposta a necessidades atendidas; emoções como o medo e a ira, que são uma resposta a ameaças; e emoções como o desapontamento e a tristeza, que são a resposta a uma perda de algum tipo.

Para a maioria das pessoas, o som repentino e inesperado de vidro se quebrando é associado ao perigo e produz uma forte reação emocional. Em razão disso, se você estiver sentado em casa, lendo ou assistindo à televisão, e ouvir o som de vidro se quebrando, toda sua atenção se voltará imediatamente do que está fazendo para o som ameaçador. Suas emoções então produzem forte ímpeto de se levantar e descobrir o que está ocorrendo.

Foi isso o que aconteceu com John quando ele estava prestes a sofrer um acidente na via expressa. Antes de ele ter a experiência de um quase acidente, ele tinha pouca motivação para aplicar as informações que havia aprendido. Depois do ocorrido, a informação recebeu um carimbo de motivação que o levaria a mudar todo o seu comportamento futuro (isso será discutido em detalhes no próximo capítulo).

EMOÇÕES, EXPERIÊNCIA E ENTENDIMENTO

Para entender claramente o papel importante do lado subjetivo das emoções, precisamos discutir o fato de termos sido criados como seres "experimentais". O aspecto subjetivo e experimental da vida faz a diferença entre saber alguma coisa e entender alguma coisa. Uma pessoa que não sabe nadar pode ler todos os tipos de informação possíveis sobre natação. Após a leitura, ela terá um bom entendimento da natação.

No entanto, o verdadeiro entendimento só virá quando o processo de aprendizagem ocorrer na prática, isto é, quando a pessoa vivenciar a experiência da natação e tiver de colocar em prática os conhecimentos teóricos que adquiriu.

Isso é verdadeiro por duas razões. Primeiro, fomos criados para ter corpos físicos. Por termos corpos físicos e vivermos num mundo também físico, precisamos vivenciar as coisas fisicamente para entendê-las de fato. É possível confirmar isso observando a maneira como as crianças pequenas aprendem sobre espaço. Bem pequeninas ainda, as crianças aprendem sobre distância e altura ao engatinhar e tentar subir nas coisas. Segundo, a experiência é necessária porque ela permite que nossas emoções separem o que é importante do que é irrelevante e descartável. Experiências que o afetam de uma maneira importante recebem uma espécie de "selo" emocional. As emoções associadas com o que você aprendeu o ajudam a organizar e a controlar seu comportamento, conduzindo sua atenção e energia para as atividades mais importantes, em detrimento das menos importantes.

Retomando o exemplo da natação, você pode ler sobre a técnica ideal para boiar e sobre como a água sustenta seu corpo e lhe permite flutuar se você relaxar e não lutar contra ela. No entanto, a realidade de estar na água e de aprender a relaxar e a confiar que essa informação é verdadeira dá um sentido físico ao que você leu sobre o assunto, que difere do conhecimento simples que você obteve ao realizar a leitura. O medo que o domina quando você fica tenso e afunda e o prazer que experimenta quando relaxa priorizam a informação e as ações associadas com o flutuar na água. Essas emoções então o motivam a, no futuro, adotar as ações adequadas para flutuar.

A maneira como a experiência e as emoções interagem para gerar a compreensão e o entendimento também pode ser claramente observada na história da humanidade. Quando Adão e Eva foram criados, Deus deixou claro que eles tinham sido criados pela vontade Dele. Deus criou um ambiente estável e acolhedor no qual Ele e os dois seres humanos que havia criado poderiam viver e conhecer um ao outro. Depois da expulsão de Adão e Eva do paraíso, as pessoas perderam sua intimidade com Deus como resultado do pecado. Mas, quando os planos de Deus para restaurar esse relacionamento foram colocados em prática, Ele levou os indivíduos e várias gerações através de diferentes experiências que lhes permitiram começar a entender quem Ele é e qual é a vontade Dele. Um bom exemplo disso são os Dez Mandamentos que Ele revelou aos israelitas [por intermédio de Moisés].

O povo de Deus lutou durante séculos para tentar entender essas regras e criou toda sorte de regras adicionais e de tradições para assegurar que elas fossem seguidas. No entanto, a experiência dos israelitas ao longo de várias gerações, como registrado no *Velho Testamento*, demonstra claramente que o conhecimento das regras por si só não consegue trazer de volta a vida e a restauração que Deus planejou para nós. Foi quando Deus permitiu que Jesus caminhasse entre nós que começamos realmente entendê-lo. E, até mais importante, é apenas por meio de um relacionamento dinâmico e vital com Cristo que experimentamos o amor e o cuidado de Deus para conosco, de uma forma que nos dá a habilidade de compreender verdadeiramente a natureza de Deus e o que Ele quer de nós.

À medida que o tempo passava, e eles lutavam com a dor que os afligia, Jerry e Katy [o casal cujas gêmeas haviam morrido ao nascer] viveram a experiência de ter Deus trabalhando em suas vidas. Isso deu a eles uma compreensão muito mais profunda do mundo e da influência do pecado nele. Eles descobriram não só como Deus nos carrega nos braços em momentos de tragédia, que são tão comuns nesta época em que o Mal impera, mas também como Ele pode usar essas tragédias se servirem a Seus propósitos, para nos transformar à imagem e semelhança de Cristo. Significados novos e profundos podem ser vistos em passagens como:

> Estas coisas vos tenho dito para que tenhais paz em mim. No mundo, passais por aflições; mas tende bom ânimo; eu venci o mundo.
>
> (João, 16:33)

> Mas lembrem-se de que as tentações que vêm às vossas vidas não são diferentes daquelas que outros experimentam. E Deus é fiel. Ele não deixará que a tentação seja tão forte que vocês não a possam enfrentar. Quando forem tentados, ele vai mostrar uma saída para que a possam suportar.
>
> (1 Coríntios 10:13)

> Ninguém, sendo tentado, diga: Sou tentado por Deus; porque Deus não pode ser tentado pelo mal e ele a ninguém tenta.
>
> (Tiago 1:13)

As histórias que descrevem o sofrimento e a dor experimentados por José e Jó no *Velho Testamento* também trouxeram um novo significado com as passagens que nos revelam o corrente *status* do mundo: "Sabemos que somos de Deus e que o mundo inteiro jaz no Maligno" (1 João 5:19). Com o passar do tempo, Jerry e Kathy também viram como Deus se importava com eles [e como fazia isso] ao mandar anjos de sua igreja, anjos sob a forma humana, para confortá-los com orações e mensagens positivas que ajudavam a amainar sua dor e sofrimento.

Vinte anos depois, após vivenciar como Deus os confortou em seu momento de perda, as coisas são muito diferentes nas vidas de Jerry e Kathy. Eles agora têm uma bela família, quatro filhos, três meninas e um menino, que os enchem de alegria e contentamento. Eles aprenderam, por meio de uma experiência pessoal devastadora, que sua fé não os deixou e Deus jamais os abandonou. Os dois alcançaram um novo nível de maturidade e confiança na fé que depositam em Deus.

Acima de tudo, Deus usou essa experiência para prepará-los para a missão de ajudar outros que estivessem enfrentando situações de perda semelhantes. Dois anos após terem vivenciado sua perda, eles foram convocados a ajudar um casal que acabava de perder um bebê no parto. A experiência que tinham tido lhes permitiu confortar e dar apoio a essa família de uma maneira que o simples conhecimento do assunto jamais lhes teria permitido fazer. Ao depositar sua confiança em Deus em um momento de difícil compreensão, permitiram que Deus usasse aquela experiência para moldá-los à Sua imagem e semelhança.

▶ ATIVIDADES RECOMENDADAS

ANOTE AS FORTES EMOÇÕES QUE VIVENCIA OU EXPERIMENTA

Reserve alguns minutos todos os dias para registrar em seu diário ou caderno de anotações sempre que você vivencie fortes emoções, positivas e ou negativas. Não tente analisar a razão de suas reações.

Simplesmente registre o seguinte:

- O que estava ocorrendo quando você experimentou a forte emoção? A emoção estava relacionada ao que estava ocorrendo ou ela parecia vir "do nada"?
- O que você sentiu? Certifique-se de usar palavras como feliz, triste, zangado, empolgado, ansioso ou depressivo. Evite palavras como impotente, inadequado ou frustrado; e também palavras que descrevam seu estado mental como confuso ou perplexo.
- Que pensamentos elas desencadearam?
- O que você fez depois de ter experimentado/vivenciado essas emoções?

Seguem exemplos do que duas pessoas diferentes escreveram:

Eu estava conversando com vários colegas de trabalho quando um deles começou a falar sobre uma viagem que tinha feito para visitar parentes. Fiquei muito triste sem nenhuma razão aparente. "Isso é tolice. Por que estou reagindo assim?", pensei e fiz uma piada para mudar de assunto.

Vários de meus parentes vieram me visitar e eu estava jogando um jogo de tabuleiro com eles. Comecei a perder e experimentei uma sensação de grande ansiedade e raiva. Escondi meus sentimentos, mas fiquei surpreso ao perceber o quão intenso eles eram.

SEJA UM MEMBRO ATIVO DE UMA IGREJA REPLETA DO ESPÍRITO SANTO DE DEUS

As pessoas geralmente dizem que não precisam ser membros de uma igreja para serem cristãs ou para ter um bom relacionamento com Deus. Essa é uma das mentiras mais inteligentes de Satã, que mantém muitos cristãos estagnados em sua fé, deixando-os espiritualmente fracos. No entanto, a *Bíblia* explica claramente que a única maneira de você ter uma vida, de crescer e de dar frutos é estar conectado a Cristo. Uma das descrições mais impressionantes sobre esse fato encontra-se no evangelho de João:

Eu sou a videira verdadeira e o meu Pai é o agricultor. Ele corta todo o ramo que não dá fruto em mim e poda o que dá fruto, para que dê mais fruto ainda. Vós já estais purificados pela palavra que vos tenho anunciado. Permanecei em mim, que Eu permaneço em vós. Tal como o ramo não pode dar fruto por si mesmo, mas só permanecendo na videira, assim também acontecerá convosco, se não permanecerdes em mim.

(João 15:1-4)

A *Bíblia* também deixa claro em diversos trechos que a igreja é o corpo de Cristo e, como tal, o lugar onde recebemos os cuidados e o alimento que provêm Dele. Paulo fala especialmente dessa analogia nas passagens:

Cristo é a cabeça da Igreja, e Ele é o Salvador do corpo.

(Efésios 5:23)

Ninguém odeia o próprio corpo, mas o alimenta e cuida dele, como Cristo cuida da Igreja.

(Efésios 5:29)

Assim como cada um de nós tem um corpo com muitos membros, e esses membros não têm a mesma função, assim em Cristo nós somos muitos formando um só corpo, e cada membro pertence a todos os outros.

(Romanos 12:4-5)

É por isso que o autor de Hebreus urge seus leitores:

Não deixemos de congregar como alguns têm o hábito de fazer, mas vamos incentivar um ao outro – e tanto mais, quanto vedes que o Dia se aproxima.

(Hebreus 10:25)

Então, ainda que seja verdade que as igrejas com frequência passam muito longe do que Deus planejava para elas, é nelas ainda que temos as instruções e orientações que Ele nos deixou, sendo o lugar em que aprendemos sobre Ele, e também sobre como amar o próximo, ajudando-nos a crescer espiritualmente e a espalhar as palavras do *Evangelho*. Sendo assim, só desenvolvemos um relacionamento verdadeiro e realmente dinâmico com Cristo, e evoluímos espiritualmente, quando somos membros de uma igreja.

Apesar de isso ser difícil para pessoas que se desapontaram ou se magoaram com uma igreja ou congregação, ainda é uma parte indispensável de ser cristão. Se você teve uma experiência infeliz em alguma igreja, tenha em mente que nem todas as igrejas são iguais. Encontre aquela que é certa para você, que vai ajudá-lo a curar suas feridas, e reconecte-se com a fonte da vida.

Uma das coisas que se deve procurar em uma igreja é a presença do Espírito Santo. Diversos sinais revelam se o Espírito Santo está ativo numa igreja. Você verá provas dos frutos do Espírito Santo na vida dos membros dessa comunidade: alegria, paz, felicidade, gentileza, fé, autocontrole (Gálatas 5:22-23). Você também verá pessoas aproximando-se para conhecer Cristo e suas vidas serem transformadas.

Se você já é tanto um membro de uma igreja repleta do Espírito Santo ou um ativo participante em algum tipo de atividade de um pequeno grupo, continue a fazê-lo. Caso não seja, você precisa dar três importantes passos para se conectar ao corpo de Cristo.

- Torne-se parte de uma igreja repleta do Espírito Santo.
- Participe dos serviços de adoração regularmente.
- Encontre atividades fora dos serviços religiosos que lhe permitam estar em contato mais íntimo com pessoas de fé.
- Se você já é membro de uma igreja, mas não participa regularmente, passe a fazer isso. Certifique-se de pedir a Deus que lhe dê tanto a motivação quanto a força para levar essa resolução adiante. Tenha em mente o terceiro ponto listado acima: sua participação tem de ir além de apenas comparecer aos serviços de adoração. Ainda que esse seja um passo importante, você precisa encontrar algum tipo de atividade em grupo da qual possa participar. É neles que você inicia relacionamentos que permitem que Deus lhe revele muitas coisas profundas sobre si mesmo e sobre a vida.

Agora, se está se perguntando se de fato está conectado a alguma igreja, para descobrir a resposta, pergunte-se a si mesmo se existem na igreja pelo menos cinco pessoas que:

- sabem meu nome?

- falam comigo regularmente?
- sabem fatos de minha vida, de meus problemas, fracassos e/ou conquistas?
- sentirão e/ou notarão minha falta se eu não comparecer ao serviço?
- responderão positivamente se eu precisar de ajuda para, por exemplo, ser acompanhado a uma consulta ou exame médico?
- participo de alguma outra atividade na igreja, além dos serviços de adoração, pelo menos duas vezes por mês?
- minha igreja é como um lar para mim?

Se você não respondeu "sim" a todas essas questões, procure se unir a um grupo no qual comece a criar relacionamentos que vão além da superfície de familiaridade.

Caso não seja membro de nenhuma igreja, poderá ler diversas dicas de como encontrar uma igreja no Apêndice 1, ao final deste livro. Certifique-se de lê-las antes de começar sua busca e de relê-las quando estiver decidindo qual igreja é a melhor para você.

CAPÍTULO 3

O LADO FÍSICO DAS EMOÇÕES

Joe foi assolado por um forte sentimento de tristeza e solidão durante vários anos. Enquanto estava crescendo, havia muitos problemas em sua família. Como adulto, ele tinha vivido muitos relacionamentos fracassados e sentia dificuldade em relacionar-se com os outros. Por isso, Joe achava que sua tristeza persistente se devia apenas à infância infeliz e aos fracassos de seus relacionamentos na vida adulta. Ainda assim, havia ocasiões em que Joe se sentia feliz e extrovertido. Durante esses períodos, ele mergulhava fervorosamente no trabalho ou nos projetos da igreja. Infelizmente, esses bons tempos nunca duravam muito.

Joe tinha procurado estender a mão para pedir ajuda a sua família da igreja diversas vezes e também tinha buscado e pedido orações a vários pastores e conselheiros cristãos. No entanto, a depressão e a sensação de abandono que ele vivenciava eram recorrentes e persistentes. Algumas pessoas que lhe eram próximas questionavam sua fé. Outras diziam que ele não estava se esforçando o suficiente. Se ao menos ele rezasse um pouco mais, se lesse mais a *Bíblia* ou se tentasse aplicar os conhecimentos e ensinamentos dela em sua vida, seria um cristão mais feliz. Houve até alguém que chegou a pensar que Joe era um alcoólico; e também uma pessoa que sugeriu que ele estava fazendo algum tipo de jogo emocional para chamar atenção ou atrair a simpatia e a compaixão dos outros.

Por fim, depois de muito tempo, Joe encontrou um pastor que insistiu para que ele procurasse um médico conhecido seu e em quem confiava. Depois de uma avaliação completa, Joe foi diagnosticado como portador de transtorno bipolar. Uma vez tendo recebido a medicação e o tratamento adequados, ele conseguiu se livrar da depressão persistente e começou a viver uma vida relativamente normal. Sua vida espiritual floresceu e, pela primeira vez, ele sentia que podia relacionar-se com as outras pessoas de uma maneira muito mais profunda e significativa.

Como muitos de nós, Joe não sabia que seus problemas emocionais podiam ter causas físicas. Em vez disso, ele erroneamente acreditava que sua depressão, de alguma maneira, se originava de algum tipo de fraqueza espiritual ou a algo que ele tivesse feito, mesmo não podendo identificar o que poderia ter sido. Ainda que muitos problemas espirituais tenham causas espirituais ou psicológicas, existe uma ampla gama de doenças físicas que podem causar problemas emocionais. Algumas vezes, um problema físico no cérebro causa um conflito ou problema emocional.

O CÉREBRO E SUA PRECIOSA SINFONIA

Os Salmos dizem: "Eu O louvarei, porque de um modo assombroso e maravilhoso fui feito; maravilhosas são as tuas obras" (Salmo 139:14). Mesmo o cínico Elifaz ao falar com Jó, disse: "Ele faz maravilhas que não podem ser compreendidas, milagres que não podem ser contados" (Jó 5:9). De todas as criações de Deus, isso talvez seja ainda mais verdadeiro em relação à parte física do cérebro. Ele pesa pouco mais de um quilo, mas contém cerca de 100 bilhões de células.

O que é ainda mais incrível é o inimaginável número de conexões que essas células fazem entre si. A complexidade de seu cérebro reduz à insignificância o número de mensagens que circulam por entre todas as linhas telefônicas do mundo no período de um dia. Que Deus maravilhoso nós temos, que trabalha em uma escala tão grandiosa, mesmo no interior de nosso corpo físico!

O cérebro humano é tão impressionante e complexo que, embora saibamos muito sobre como ele funciona, ainda existe uma infinidade inimaginável de coisas que precisamos aprender e descobrir. De certa forma, é como se tivéssemos apenas arranhado a superfície da compreensão sobre como as emoções e o cérebro funcionam. Dito isso, vamos dar uma olhada em algumas coisas que sabemos sobre o lado físico das emoções.

Frequentemente, o cérebro é comparado a um computador. Ele é descrito como tendo um *software*, um *hardware*, vários programas afins e outros componentes menores, mas não menos importantes, que permitem seu funcionamento. Livros de autoajuda, com frequência, usam termos de computação como "reprogramar" para descrever processos de mudanças de crenças e de comportamentos. No entanto, tanto a constituição do cérebro quanto a maneira como ele funciona o diferenciam de um computador.

As células que compõem o cérebro, chamadas neurônios, diferem completamente dos transistores e de outros componentes eletrônicos usados em computadores. Uma diferença-chave é que os componentes elétricos se comunicam diretamente por meio de sinais elétricos. Isso limita os computadores a usar uma linguagem digital baseada em [números] uns e zeros. Já a comunicação entre neurônios (com algumas exceções nos mamíferos) é um processo químico. E uma vez que os neurônios podem usar mensagens químicas para interagir de diferentes maneiras, a comunicação neural é muito mais complexa do que aquela observada nos computadores. Enquanto os detalhes sobre como o cérebro funciona continuam um grande mistério, sabemos que a comunicação cerebral é muito diferente daquela ocorrida nos programas de computação, que processam informações por meio de instruções passo a passo e lineares.

Talvez uma analogia mais pertinente para compreender o funcionamento do cérebro seja compará-lo a uma orquestra. Em uma grande orquestra há diferentes grupos de instrumentos: percussão, cordas, sopro e metais. Cada um desses grupos de instrumentos tem a própria partitura para tocar a melodia e deve trabalhar em conjunto e em harmonia com os demais grupos a fim de produzir o som correto. Se as cordas se manifestarem na hora errada ou não executarem sua parte corretamente, a música como um todo [ou a harmonia da melodia] será comprometida.

De maneira similar, o cérebro tem muitas partes diferentes. Cada uma dessas partes tem um papel a executar e não apenas deve fazê-lo corretamente, como também deve representá-lo de forma harmoniosa em relação às outras partes. A visão, por exemplo, engloba quatro outras partes do cérebro. Algumas dessas partes determinam formas, movimentos e cores; outras conferem significado a elementos individuais ou a padrões generalizados.

O mais impressionante de tudo isso é que o processo acontece primeiramente num nível subconsciente, fazendo a visão parecer uma atividade muito simples. Vislumbramos a complexidade desse processo subconsciente apenas quando as pessoas experimentam ferimentos raros na cabeça. Um exemplo disso é conhecido como "visão cega".

A visão cega é uma condição rara na qual uma pessoa que sofreu ferimento no cérebro perde a visão de um ou de ambos os olhos, mas ainda mantém alguns elementos da visão. Grahan Young é uma dessas pessoas. Ele sofreu um grave acidente de carro que o deixou cego do olho direito. Curiosamente, porém, ainda que ele não possa ver nada daquele lado, seu olho direito consegue detectar movimentos. Quando alguém movimenta um objeto no campo visual do olho direito dele, Grahan é capaz de dizer em que direção acontece esse movimento (para cima, para baixo, para a direita, para a esquerda). Apesar disso, ele não faz a menor ideia do que está "vendo". A explicação para esse estranho fenômeno é que, embora o principal "caminho" para os centros visuais tenha sido danificado no acidente, um caminho secundário para a área do cérebro que detecta os movimentos continua intacto. É isso que permite a ele sentir os movimentos ainda que ele não saiba o que está se movendo.

Casos como o de Grahan Young demonstram que o cérebro processa muitas informações, e sabemos muito pouco sobre elas. Um dos exemplos mais claros disso na vida diária é o ato de dirigir um carro. O cérebro é capaz de processar as imagens e os sons da estrada de maneira que você possa evitar os obstáculos e localizar-se bem entre os demais veículos, enquanto sua mente consciente pensa a respeito de assuntos totalmente alheios ao que está acontecendo ali. Quando trafega por uma estrada, com frequência, você está dirigindo no "piloto automático". Você só se torna plenamente consciente de estar dirigindo quando algo desencadeia emoções que o levam a mudar o rumo dos pensamentos e a voltar sua atenção para essas emoções. Pode ser um marco rotineiro, como você estar se aproximando da entrada ou do desvio que precisa pegar, ou mesmo uma ameaça repentina, como outro carro fechando a sua passagem e o obrigando a fazer uma manobra brusca.

O LADO EMOCIONAL DO CÉREBRO

O lado do cérebro que usualmente associamos às emoções é chamado sistema límbico. O sistema límbico é composto de diversas partes; iremos analisar duas delas, o hipocampo e as amídalas. Por enquanto, cada um desses serve como bom exemplo da conexão entre a parte física do cérebro, suas lembranças e suas emoções.

O hipocampo é uma estrutura pequena e curva. Você tem dois deles, um em cada lado do cérebro. Essas estruturas foram identificadas como parte do cérebro que criam a memória. Ao mesmo tempo, como a memória se forma antes da perda do hipocampo remanescente, é óbvio que eles não são o lugar onde a memória e as lembranças são armazenadas. Em vez disso, o papel do hipocampo é conectar os vários elementos da memória para um *recall* [acesso] posterior [em caso de necessidade]. Infelizmente, a maneira como isso é feito continua a ser um grande mistério.

A amídala é uma estrutura em forma de amêndoa. Como acontece com o hipocampo, também existem duas amídalas, uma de cada lado inferior dos hipocampos. Pesquisas têm comprovado que quando animais ou pessoas vivenciam uma ameaça potencial, as amídalas entram em ação e fortalecem a memória, criando uma espécie de "selo emocional". Por exemplo, se você estiver num acidente de carro, a visão, o som e os pensamentos associados ao acidente vão se tornar sinais de perigo para você. Quando sentir qualquer uma dessas sensações outra vez, ficará ansioso e muito mais alerta. Na realidade, pesquisas têm mostrado que respostas de medo podem ocorrer sem a participação de qualquer processo racional ou de cenas anteriores que remetam a eles. Essa é uma das maneiras de Deus nos proteger, uma vez que precisamos estar sempre alertas para potenciais ameaças.

Um aspecto curioso das amídalas e de outras áreas do cérebro que controlam o medo é que elas são concebidas para reagir exageradamente a quaisquer sinais de possíveis perigos. Por exemplo, se uma pessoa vive em um local onde há cobras venenosas, ela rapidamente aprenderá a associar cobras a perigo. As amídalas, então, vão desencadear a resposta de luta ou de fuga (ver próxima seção) sempre que a pessoa perceber qualquer coisa que possa ser uma cobra. Afinal, se você estiver caminhando em uma floresta ou bosque, é muito melhor confundir um graveto com uma cobra do que tomar uma cobra por um simples graveto.

Tenha em mente que tudo isso ocorre num nível subconsciente. Essas partes do cérebro permitem que você reaja muito rapidamente ao perigo, sem precisar pensar sobre o que está ocorrendo. Infelizmente, acontecimentos e objetos que não representam ameaças também podem ser associados ao perigo e desencadear uma resposta de medo quando você se depara com eles. Essa resposta consciente a situações inofensivas ou até mesmo benéficas podem interferir com sua vida em muitos sentidos. Elas são especialmente significativas nos casos de desenvolvimento de problemas de ansiedade.

Ramona, por exemplo, sofreu com vários episódios de ataque de pânico durante muitos anos. Quando os ataques aconteciam, ela sentia o coração disparar, tinha dificuldade para respirar, transpirava em excesso e sentia as mãos ficarem trêmulas. Esses ataques a fizeram limitar sua vida e evitar muitas atividades corriqueiras, como dirigir, ir a um *shopping*, frequentar a igreja ou mesmo apenas sair com os amigos. Todos esses lugares e atividades foram associados ao perigo em razão dos ataques de pânico que ela sofria quando os frequentava. Assim, toda vez que pensava neles ou tentava levar uma vida normal, suas amídalas associavam o circuito de "incêndio" em seu cérebro e ela sentia uma severa ansiedade.

Como Joe, Ramona procurou o conselho e a ajuda de muitas pessoas de Deus. Infelizmente, como tinham pouco conhecimento da condição que a afligia, os conselhos que lhe davam não foram efetivos e ela não conseguiu o menor alívio para os seus problemas de pânico e ansiedade. Disseram-lhe que ser curada era apenas uma questão de ter muita fé. Quando ela não melhorou, chegaram até mesmo a acusá-la de estar sabotando os esforços de outras pessoas para ajudá-la.

Finalmente, Ramona encontrou alguém que entendeu e diagnosticou adequadamente sua condição como sendo própria da síndrome do pânico. Ela, então, foi capaz de administrar melhor os lados físico e espiritual de sua condição debilitante. Para entender o lado físico desse tipo de problema é preciso dar uma boa olhada e compreender o que é comumente chamado de resposta de luta ou resposta de fuga.

RESPOSTA DE LUTA OU RESPOSTA DE FUGA

As emoções estão intimamente ligadas ao nosso corpo por meio de nosso sistema nervoso. Esse sistema tem duas partes básicas, o *sistema nervoso central*, composto de cérebro e medula espinal; e o *sistema nervoso periférico*, que incluiu todos os nervos conectados ao sistema nervoso central. O sistema nervoso periférico também é dividido em duas partes: o sistema nervoso *voluntário* e o sistema nervoso *autônomo*.

O sistema nervoso voluntário, também chamado de sistema nervoso somático, é composto de nervos que conectam tanto os músculos voluntários que movem as várias partes do corpo (nervos motores) como aqueles que transmitem informações sensoriais (nervos sensoriais). Esse sistema manda informações de nossos olhos, orelhas e outros sentidos para o cérebro, que então controla as ações que precisam ser pensadas – como falar, segurar um objeto ou caminhar –, ao enviar mensagens para várias partes do corpo.

O sistema nervoso autônomo é composto de todos os nervos conectados aos nossos órgãos internos, glândulas e músculos involuntários. Esse sistema controla todas as atividades automáticas que acontecem em nosso corpo, como a transpiração, a digestão e a respiração. O sistema nervoso autônomo compõem-se de duas partes básicas: sistema nervoso *simpático* e sistema nervoso *parassimpático*. O sistema nervoso simpático é responsável pelo que comumente se conhece como resposta de luta ou resposta de fuga. Essa resposta ativa todos os sentidos do corpo rapidamente e o prepara para uma fuga rápida em caso de perigo. Quando o perigo passa, o sistema parassimpático acalma o corpo ajudando-o a voltar a funcionar em seu ritmo normal. Veja todas essas partes do sistema nervoso no diagrama abaixo.

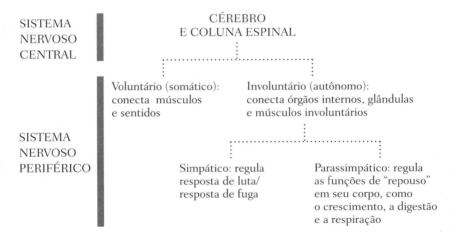

As partes dos sistemas acima que nos interessam são aquelas relacionadas à resposta de luta ou resposta de fuga. Quando a resposta de luta ou fuga é desencadeada, ela libera uma enorme quantidade de adrenalina (epinefrina) e substâncias químicas relacionadas na corrente sanguínea. Essa resposta fornece a força e a estamina necessárias para as ações rápidas que ajudam soldados a sobreviver em batalhas, atletas a superar a si mesmos e pessoas a responder prontamente em face do perigo.

Felizmente, em nosso mundo moderno, repleto de inovações tecnológicas, enfrentamos poucos perigos que requerem ações extremas, como acontecia com nossos ancestrais ou aqueles que vivem em áreas menos industrializadas do mundo. Muitas ameaças que enfrentamos hoje em dia não são exatamente ameaças de vida. Em vez disso, são ameaças relacionadas à perda de amor e de relacionamentos, problemas sociais e econômicos, bem como problemas com a importância e valorização do ser humano e de suas emoções e sentimentos. Em geral, essas perdas e perigos não requerem uma resposta física imediata.

Infelizmente, nossos corpos respondem a qualquer ameaça como se elas pedissem uma resposta física imediata. Assim, quando você se sente confuso e ameaçado pelo que os outros pensam ou fazem, seu corpo aciona a resposta de luta ou fuga e começa a se preparar para iniciar uma fuga no sentido físico, embora essa ação não seja necessária.

Algumas pessoas, como Ramona, citada na seção anterior, experimentam sintomas muito exacerbados dessa resposta de luta ou fuga, que parecem ocorrer sem razão específica. No caso de Ramona, as atividades diárias ficaram associadas ao medo. Cada vez que ela pensava a respeito ou vivenciava uma dessas situações, suas amídalas imediatamente sinalizavam para seu corpo que ela estava em perigo e acionavam uma resposta imediata de luta ou fuga. Essa era uma resposta física que precisava ser controlada para que ela pudesse voltar a sua vida normal.

Claro que lidar com o lado físico de seu problema era apenas uma parte da solução. Como grande parte das condições físicas, havia questões mentais e espirituais que precisavam ser tratadas para uma cura completa. Vamos discuti-las mais detalhadamente nos próximos capítulos. Por enquanto, tentaremos focalizar o lado físico das emoções e olhar para o papel que as ações representam na comunicação.

EMOÇÕES E COMUNICAÇÃO

Comunicação é o processo de transmitir/informar nossos pensamentos e sentimentos aos outros. As emoções têm um papel não verbal muito importante na comunicação ao adicionar novas informações ao que está sendo dito por meio de variações no tom de voz, na expressão facial, na postura e nos gestos.

Reserve alguns instantes para dizer a expressão "eu te amo" três vezes, em voz alta. Primeiro, diga a expressão como uma questão, depois como um fato e, por fim, como uma afirmação apaixonada. Observe a mudança em sua voz, expressão e sentimentos conforme pronuncia essas palavras das três formas diferentes. Essas mudanças permitem que um interlocutor ou ouvinte decifre melhor o sentido que você pretendeu dar ao que disse.

O mais notável em relação a essa capacidade de sinalizar nosso estado emocional ao dizer algo é o fato de termos nascido com ela. Como sabemos que essa é uma habilidade inata? Primeiro, porque pessoas que nasceram cegas, por exemplo, possuem essa mesma habilidade. Segundo, embora possamos modificar nosso comportamento e expressões para emoções mais amenas, emoções mais intensas produzem as mesmas expressões faciais em todos nós, não importando qual sua origem e/ou causa.

Além disso, pesquisas com crianças muito jovens têm demonstrado que a expressão emocional é nossa primeira linguagem. É por isso que pais de crianças pequenas com frequência descobrem que nos dias em que estão relaxados e de bom humor seus filhos têm um comportamento melhor e mais calmo. Nos dias em que os pais estão frustrados ou estressados, as crianças também tendem a ficar irritadas e a se comportar mal. Na realidade, as crianças estão apenas respondendo à comunicação não verbal dos pais. Como elas ainda não são capazes de compreender o estresse dos pais, elas ficam ansiosas e reagem à tensão que sentem e percebem. À medida que aprendemos a usar a linguagem, tornamo-nos menos conscientes dessa habilidade inata. Contudo, é essa capacidade inata de "ler" as pessoas que nos permite saber quando os outros estão nos escondendo algo ou quando estão tentando nos enganar.

Essa habilidade de se comunicar por meio de expressões emocionais vai além de nós, pois os animais irracionais também as possuem. Expressões como cerrar os dentes quando se está zangado podem ser observadas em cachorros e gatos, por exemplo. Muitos sinais como esses permitem que aqueles que têm animais de estimação reconheçam o ânimo de seu animal, apesar de eles não serem capazes de falar. Minha amiga Pat, por exemplo, gosta de dizer que sua cachorra, Gloria, sorri toda vez que percebe que vai sair para caminhar.

O PAPEL DOS MEDICAMENTOS
NAS DESORDENS EMOCIONAIS

Como você já viu neste capítulo, as emoções têm um lado físico evidente. Em nosso desejo de ver muitas vidas transformadas por meio da fé e da oração, não devemos nos esquecer de que problemas emocionais, muitas vezes, se devem inteiramente ou em parte a problemas físicos do cérebro. De novo, isso é apenas uma parte do que é viver em um mundo conturbado. Como muitas pessoas têm problemas de visão, algumas têm problemas emocionais, pois suas "conexões" emocionais não estão bem ajustadas. Embora a maioria dos cristãos não veja problema nenhum em usar óculos ou lentes corretivas para corrigir um problema de visão, ou tomar medicamento para controlar disfunções da tiroide, muitos desses mesmos cristãos encaram o uso de medicamentos para corrigir problemas emocionais como uma fraqueza espiritual ou mesmo um grande pecado.

Ainda que medicamentos não sejam a resposta para todos os problemas – e algumas vezes eles podem até piorar as coisas –, existem muitas situações em que eles podem exercer um papel fundamental, e até mesmo essencial, no controle de problemas emocionais. Ao mesmo tempo, como vivemos em um mundo em que se busca uma resposta rápida para tudo, é importantíssimo ser cuidadoso ao escolher quais medicações podem ajudar em cada caso. No Apêndice 3, ao final deste livro, existem orientações para quem procura mais informações para resolver seus problemas emocionais.

Ressaltar que os medicamentos podem ajudar em alguns tipos de desordens emocionais não significa negar o fato de que Deus é capaz de fazer curas milagrosas. Ele, com certeza, pode fazer isso. No entanto, vale a pena pensar em como Deus age por meio de um problema físico, como uma perna quebrada, por exemplo. Deus deu aos homens a sabedoria para curar uma perna quebrada. Da mesma forma, Deus abençoou os homens com o conhecimento e a habilidade de descobrir medicamentos que podem ser usados para muitos tipos de problemas emocionais. Como acontece com outros medicamentos, quando nas mãos sábias, responsáveis e competentes de um bom médico, esses também são os meios que Ele usa para curar as pessoas.

▶ ATIVIDADES RECOMENDADAS

PASSANDO MAIS TEMPO COM DEUS

Certa vez, ouvi o seguinte comentário em um sermão: "Quando você se casa, você não se vira para sua jovem esposa e diz: 'Eu te vejo no próximo domingo'. Que casamento vazio seria esse!". No entanto, é exatamente isso que muitos cristãos fazem. Assim como os casais precisam passar bastante tempo juntos para que seu relacionamento cresça e se fortaleça, nós precisamos passar muito mais tempo com Deus se quisermos experimentar a riqueza e as bênçãos do relacionamento dinâmico e profícuo que Ele quer ter conosco.

Jesus é um exemplo perfeito disso. A *Bíblia* relata como Ele costumava "levantar muito cedo, quando ainda estava escuro" e ir a um lugar solitário para orar (Marcos 1:35). Algumas vezes Ele passava a noite sozinho nas montanhas, orando (Lucas 6:12). A necessidade Dele de ficar sozinho e de estar junto do Pai era especialmente forte nos momentos mais cruciais, como quando João Batista foi decapitado (Mateus 14:13, 22-23), ou quando ele estava se preparando para ser crucificado (Mateus 26:36-46). Jesus conhecia o coração de seu Pai, não apenas porque Ele era parte da divina trindade, mas também porque Ele passara muitas horas na companhia de Deus.

Orar demanda tempo e esforço, mas também traz muitos benefícios. Se você tem uma vida rica em oração, isso não é novidade para você. No entanto, se você nunca dedicou um tempo regular à oração ou luta contra essa "disciplina espiritual" básica, é melhor decidir quando e onde começará a passar mais tempo com Deus. Se você é novo no quesito orar e isso lhe parece difícil ou assustador, comece com um período de oração curto, digamos de uns dez minutos. Muitos gostam de iniciar o dia com uma oração. Se isso lhe parecer interessante, planeje levantar-se uns quinze minutos mais cedo que o habitual e escolha um lugar em sua casa onde ninguém o perturbe.

Se você não tiver ideia do que pode fazer, veja algumas sugestões sobre o assunto no Apêndice 2 ao final deste livro. Leia algumas vezes, selecione e então comece a usar ideias que combinem com seu estilo de vida e personalidade. Se você nunca dedicou um tempo regular à oração, sentirá que um mês mantendo uma rotina regular de oração vai lhe dar uma experiência nova com Deus que nunca experimentou antes.

APROFUNDANDO SEU RELACIONAMENTO COM O CORPO DA IGREJA

No capítulo anterior, discutimos o importante papel que a experiência exerce tanto para ganhar conhecimento como para amadurecer nossas emoções e relacionamentos em Deus. Ele também enfatizou que frequentar um grupo de fiéis sinceros é essencial para a caminhada cristã. Se você estiver apenas frequentando os serviços essenciais de sua igreja, não posso nem lhe dizer o quanto é importante estar envolvido com algum tipo de estudo bíblico ou com pequenos grupos de fiéis que se unem para buscar a Deus. Dê uma olhada no quadro de avisos de sua igreja ou fale com alguém que possa ajudá-lo a identificar um caminho que lhe permita desenvolver um relacionamento mais profundo com seus companheiros de fé e de caminhada em Deus.

Se você ainda está procurando uma igreja a qual possa pertencer, encorajo-o a continuar buscando. Essa é a única maneira para aproveitar ao máximo os ensinamentos deste livro, e mais ainda, aproveitar o que Deus tem a oferecer a você.

AVALIE O LADO FÍSICO DE QUALQUER PROBLEMA EMOCIONAL QUE TENHA

Se você está vivendo um problema emocional de natureza mais grave, como a depressão ou uma ansiedade profunda, e ainda não descobriu os fatores físicos que estão provocando ou contribuindo para agravar tudo isso, marque uma consulta com um bom médico. Certifique-se de contar a ele todos os seus sintomas e preocupações. Você pode também optar por consultar um terapeuta especializado no seu tipo de problema. Dê uma olhada no Apêndice 3 deste livro [para obter mais dicas sobre como fazer isso].

CONTINUE A REGISTRAR EXEMPLOS DE MOMENTOS EM QUE SENTE FORTES EMOÇÕES

Continue a registrar em seu caderno de anotações ou diário todas as vezes que se sentir acometido por fortes emoções, sejam positivas ou negativas. Isso lhe fornecerá um material valioso para realizar as atividades do capítulo seguinte. Se ainda não começou a fazer isso, reveja as orientações da seção Atividades Recomendadas, Capítulo 2.

CAPÍTULO 4

SEJA UM SÁBIO CONDUTOR DO SEU CORPO

O Capítulo 3 deu exemplos de como os problemas físicos de seu corpo e de seu cérebro podem causar problemas emocionais graves. O fato é que qualquer tipo de doença, fadiga ou grau de estresse pode interferir no bom funcionamento de suas emoções – quanto mais séria a enfermidade ou quanto maior a fadiga e o estresse, maior será a interferência. Essa interferência tende a exacerbar suas emoções e aumentar as chances de levar a ações que podem interferir em sua vida de uma maneira que não agrada a Deus. Um simples exercício pode comprovar isso.

Pense num momento recente quando você estava saudável e tinha pouco estresse em sua vida. Como você interagia com as pessoas? Como lidava com suas tarefas diárias em casa e no trabalho? Agora, pense num momento, também recente, quando estava se sentindo fatigado, doente ou estivesse vivendo uma situação de estresse. Como você interagia com as pessoas? Como você lidava com suas tarefas diárias? A diferença de como você reage às pessoas e às situações, tanto física como emocionalmente, decerto, fica mais que evidente [nesta comparação].

Enquanto fatores espirituais e mentais também afetam seu "funcionamento" emocional, as emoções, em geral, são mais fáceis de administrar quando estamos saudáveis e relaxados, livres de estresse.

Infelizmente, vivemos em um mundo conturbado onde existem enfermidades, pessoas movidas pelo pecado, e no qual ganhamos a vida em fadiga e com o suor do próprio rosto (Gênesis 3:17). Mesmo assim, em geral existem três maneiras para trabalhar melhor nossas emoções.

SENDO UM SÁBIO CONDUTOR DO SEU CORPO

Paulo escreveu:

> Não sabeis que o vosso corpo é o Santuário do Espírito Santo que está em vós, o qual tendes da parte de Deus, e que não sois de vós mesmos? Agora, pois, glorificai a Deus no vosso corpo
> (1 Coríntios 6:19-20)

Em outro ponto ele disse:

> Nele todo edifício bem ajustado cresce para templo santo do Senhor
> E Nele também vós sois edificados para a morada de Deus no Espírito
> (Efésios 2:21-22)

Como templo do Espírito Santo seu corpo foi criado para ser usado para glorificar a Deus, em serviços e adoração, e para se tornar um instrumento da verdade e da justiça.

> Rogo-vos, pois, irmãos, pela compaixão de Deus, que apresenteis os vossos corpos como um sacrifício vivo, santo e agradável a Deus, que é o vosso ato de adoração.
> (Romanos 12:1)

> Não ofereçam cada um dos membros do seu corpo ao pecado, como instrumentos de iniquidade; mas oferecei-vos a Deus, como ressurretos dentre os mortos, e os vossos membros, a Deus, como instrumentos de justiça.
> (Romanos 6:13)

Exatamente como um carro não lhe servirá se não estiver em perfeitas condições, se o seu corpo não estiver funcionando adequadamente, ele vai interferir em sua habilidade de servir a Deus. No mundo atual, os cuidados básicos com a saúde são, muitas vezes, negligenciados. Os dois cuidados principais que devemos ter são com a alimentação saudável e a prática de exercícios regulares. Todos sabemos que essas são as chaves principais para manter uma boa saúde. Como esses são temas amplos sobre os quais existem muitas fontes de informação disponíveis, não vou tratá-los em detalhe. No entanto, se você vem tendo dificuldade de administrar alguns aspectos de suas emoções, um dos fatores mais relevantes nesse sentido pode ser simplesmente o de não estar cuidando de si mesmo como deveria nesses dois quesitos mencionados.

Uma terceira fonte de preocupação com a saúde que gostaria de abordar aqui, e pode ter um forte impacto sobre as emoções, é a falta de horas adequadas de sono. Diversos estudos têm demonstrado que as pessoas, em geral, têm sofrido com a falta crônica de um número adequado de horas de sono. A principal razão disso é a combinação de luz artificial e de várias formas de lazer eletrônico disponíveis em nossos dias. Com frequência ficamos acordados até bem tarde.

Abaixo seguem diversos sinais que indicam que você não está tendo as horas necessárias de sono.

- Você depende de cafeína para se manter acordado e alerta.
- Se ficar sentado e quieto por alguns minutos, sem nada que o distraia, você tende a pegar no sono.
- Você depende do despertador para acordar. E se, repetidamente, aperta o botão soneca [para postergar o momento de se levantar], esse é um forte sinal.
- Você adormece enquanto está dirigindo.
- Acha difícil concentrar-se e comete erros que poderiam ser evitados com um pouco de concentração.
- Tem tido problemas com a memória de curto prazo e costuma esquecer muitas coisas.
- Está mal-humorado, deprimido, ansioso, impaciente e se frustra com facilidade.
- Adoece com frequência.

A maioria dos adultos necessita de oito horas de sono todas as noites. No entanto, existem indivíduos que precisam de apenas cinco horas e outros que precisam de dez horas todas as noites. Uma maneira fácil de descobrir sua necessidade pessoal de horas de sono é fazer o seguinte: selecione um período de quatro dias em que não tenha de se levantar cedo e não precise enfrentar fatores estressantes. Vá dormir no seu horário de sempre e não deixe o despertador programado. Quando você acordar, observe quantas horas dormiu. O número de horas que dormiu, provavelmente, é o número de horas de sono que você precisa para se sentir bem. Se estiver com o sono muito atrasado deverá levar alguns dias para que descubra qual seu ritmo e necessidades normais, porque seu corpo tentará compensar o período em que foi negligenciado. Você saberá quando já compensou tudo o que precisava quando acordar se sentindo descansado e bem-disposto.

Se não puder fazer isso durante vários dias seguidos, faça-o durante quatro fins de semana consecutivos. Se após os dois primeiros fins de semana você observar que está dormindo mais durante os fins de semana do que nos dias de semana, aumente o período de sono nesses dias e verifique se essa mudança produz um resultado diferente dos últimos dois dias.

O DESCANSO DO *SABBATH*

O quarto mandamento afirma:

> Guarde o *Sabbath* [sétimo dia], mantendo-o sagrado. Você deve trabalhar seis dias e fazer todo o trabalho, mas o sétimo dia deve ser consagrado ao Senhor seu Deus. Nele você não deve realizar nenhum trabalho, nem você nem seus filhos nem seus criados nem suas criadas nem seus animais ou qualquer um que esteja em sua propriedade. Porque o Senhor levou seis dias para fazer os céus e a terra, e tudo o que existe neles, mas descansou no sétimo dia. Assim, o Senhor abençoa o sétimo dia e o torna sagrado.
>
> (Êxodo 20:8-11)

O mandamento acima é o mais longo de todos os mandamentos e dá duas razões para que o sétimo dia seja sagrado. Primeiro, Deus descansou no sétimo dia e o "tornou sagrado". Devemos seguir o exemplo que Ele nos deu. Segundo, devemos usar esse tempo para meditar sobre a herança espiritual que Deus nos legou ao nos escolher e nos libertar. Como escravos no Egito, os israelitas não tinham nenhum dia de descanso. A ideia de um dia de descanso era nova e revolucionária. Mais ainda, era um presente de Deus, uma vez que a liberdade deles não foi conquistada, mas DADA a eles por Deus, que usou Moisés como portador [do presente e da mensagem]. Isso antecede a mensagem do *Evangelho* que diz que nós fomos libertos do cativeiro e do pecado e recebemos nossa dádiva para descansar em Cristo.

Enquanto Deus continuou a instruir Moisés em como transformar aquele grupo de escravos libertos em cidadãos de uma nação, Ele incluiu muitos dias especiais de descanso, de celebração e de festejos para recordar os festivais, os sabáticos e os jubileus. Não seguimos mais o calendário judaico e tendemos a ver esse legado como parte do legado do *Velho Testamento*. No entanto, embora as leis cerimoniais de Israel tenham sido substituídas pela liberdade que temos em Cristo, as leis básicas que se referem ao amor de Deus, ao próximo e a si mesmo não foram substituídas nem mudaram. Na verdade, elas agora foram ampliadas e incluem o amor a nossos inimigos.

Da mesma forma, as leis relacionadas ao sabático continuam como o ponto-chave entre os três primeiros que falam como devemos amar ao nosso Deus e a nenhum outro, e as outras seis que falam sobre como devemos amar o próximo. De muitas formas, guardar o sétimo dia nos permite observar os dois grupos de mandamentos. Precisamos do descanso sabático para nos reenergizarmos espiritualmente para que possamos agir segundo a vontade de Deus. Também precisamos nos restaurar mental e emocionalmente.

Considerando-se que somos seres espirituais, nosso corpo precisa desse tempo para se recuperar dos seis dias de trabalho. A ideia de tirar períodos de descanso entre períodos de trabalho com frequência nos parece inadequada em função de nossos horários apertados. Muitas pessoas estão em constante movimento e nunca param. Mesmo quando descansam estão ocupados com tarefas, indo a algum lugar ou fazendo algo. Quando as pessoas param e tiram um tempo livre das tarefas cotidianas, elas tendem a conectar-se à televisão, *videogames* ou a algum outro tipo de diversão eletrônica, enchendo suas mentes com qualquer coisa... menos com paz e descanso.

Infelizmente, muitos têm horários que só lhes permitem praticar o *sabbath* no domingo. Se você tiver de trabalhar no domingo ou estiver muito ocupado para fazer seu ministério no domingo, esse será o dia mais corrido e cheio de sua semana, então, terá de escolher outro dia para descansar [no Senhor]. O mais importante é seguir o Manual do Criador, aquele que Ele nos deixou e acatar suas recomendações de manutenção de rotina. Se você nunca praticou o mandamento de tirar um dia de descanso e praticar o *sabbath*, faça isso durante um mês e observe a diferença que ocorrerá em sua vida.

ADMINISTRANDO AS EMOÇÕES DURANTE PERÍODOS DE MUITO ESTRESSE

Finalmente, vamos focalizar no problema de administrar períodos de muito estresse. Esse estresse pode incluir problemas com seu parceiro(a), *deadlines* no trabalho, dificuldades financeiras, cuidados necessários com um membro da família, lidar com filhos passando por períodos difíceis ou qualquer outro tipo de dificuldade. Durante períodos como esses, você pensa com menos clareza e suas reações costumam ser muito mais exacerbadas do que seriam habitualmente. Conseguem quatro diretrizes que o ajudarão a administrar suas emoções mais efetivamente durante esses períodos de muito estresse.

Reconheça que você está passando por um período estressante

Ainda que isso possa parecer óbvio, muitas pessoas não admitem quando o estresse está afetando sua habilidade de pensar e agir efetivamente. Na realidade, muitos só reconhecem que estão estressados quando começam a vivenciar sintomas negativos mais marcantes.

Uma maneira simples de reconhecer os primeiro sinais do estresse é identificar coisas específicas que se faz apenas quando se está estressado. Um exercício simples é dado nas Atividades Recomendadas e você pode usá-lo para identificar alguns desses comportamentos. Assim que conseguir identificar alguns desses comportamentos, eles se tornarão sinais de alerta de que é preciso tomar uma das ações listadas a seguir.

Estabeleça prioridades

Coisas curiosas acontecem quando você está vivenciando altos níveis de estresse. Uma delas é que pequenas coisas se tornam muito maiores [quando estamos estressados]. A importância dada a um pequeno erro, um atraso no trânsito ou um fato pequeno e irritante pode desencadear fortes emoções. Essas mesmas coisas tendem a ser insignificantes e causar reações mínimas, ou nenhuma, quando sua vida está calma e tranquila. Isso é porque de uma maneira dita mais em branco e preto, sem outras nuances, suas emoções se tornaram mais exageradas. Infelizmente, essa tendência pode levá-lo a desperdiçar sua energia e a falhar na realização de coisas que demandem mais foco.

Quando estiver sob estresse, reserve alguns momentos para identificar o que você precisa fazer. Alguns gostam de fazer uma pequena lista. Então lembre-se de que tudo o mais pode esperar até outro dia. Se você tiver filhos, é particularmente importante evitar tentar resolver todas as questões sobre o comportamento deles quando estiver estressado. Quando estiver doente, faminto, cansado ou enfrentando estresse fora do comum, atenha-se apenas ao básico e mantenha a ordem e o equilíbrio. Aborde questões de longo prazo quando estiver menos estressado e puder refletir mais calma e claramente.

À medida que estabelecer prioridades, lembre-se de que você provavelmente se tornará mais emocional do que o usual em razão do estresse que está vivenciando. Dessa forma, costuma ser muito mais sábio deixar para lidar com as emoções só depois que o estresse imediato tiver passado e você estiver se sentindo menos emotivo [e sensível].

Permita-se levar mais tempo para tomar uma decisão

Uma vez que sua habilidade de raciocinar está reduzida e você fica mais emotivo quando está estressado, permita-se levar mais tempo para tomar uma decisão. Se tiver uma decisão importante a tomar, reflita um pouco mais. Pode ser relevante também discutir o assunto com alguém em quem confia. Se perceber que está ficando muito emotivo [e irracional], respire fundo e tente se acalmar. Se possível, postergue a decisão até estar se sentindo menos estressado.

Apesar de as sugestões acima parecerem óbvias, a realidade é que a maioria das pessoas não as segue nem mesmo reflete sobre elas. Se isso também acontecer com você, faça uma cópia dessas recomendações e afixe-a num local em que possa vê-las com frequência durante algumas semanas. Tê-las bem gravadas em sua mente aumenta as chances de que você, de fato, coloque-as em prática.

▸ ATIVIDADES RECOMENDADAS

IDENTIFIQUE SEUS INDICADORES DE ESTRESSE

Todos nós fazemos coisas quando estamos estressados que não faríamos em nosso comportamento normal. Esse inventário vai ajudá-lo a identificar comportamentos específicos que podem alertá-lo quando seu estresse estiver interferindo em sua habilidade de pensar claramente e de realizar suas tarefas rotineiras.

Reserve um momento para pensar em duas ou três ocasiões que, recentemente, você experimentou alto nível de estresse. Agora observe a seguinte lista de sintomas de estresse e marque aqueles que costuma experimentar quando está estressado.

Sintomas comuns associados ao estresse

FÍSICOS

- Resfriados, gripes ou outras doenças menos graves
- Diminuição do apetite
- Dores de cabeça
- Falta de energia, fadiga
- Aumento de apetite
- Aumento de problemas com alergias, asma, artrite ou outra condição física crônica
- Tensão muscular, dores
- Estômago "nervoso"
- Coceiras
- Insônia
- Bruxismo
- Formigamento dos pés ou mãos / sensação de pés e mãos gelados
- Mudança de peso; aumento ou perda
- Outros

MENTAIS
- Confusão
- Dificuldade para pensar com clareza
- Esquecimento
- Falta de concentração
- Falta de criatividade
- Letargia
- Problemas de memória
- Pensamentos de fuga
- Pensamentos mórbidos ou "estranhos"
- "Mente conturbada"
- Outros

EMOCIONAIS
- Raiva
- Ansiedadea
- Depressão
- Sensibilidade exacerbada
- Irritabilidade
- Mudança súbita de humor
- Temperamento explosivo
- Tristeza
- Problemas para dormir ou pesadelos
- Outros

COMPORTAMENTAIS
- Dificuldade de iniciar coisas que precisam ser feitas
- Aumento de atividades que desperdiçam tempo
- Aumento do número de bocejos ou de suspiros
- Ociosidade
- Aumento de acidentes e erros
- Aumento do consumo de álcool, tábaco ou outras drogas
- Aumento de ironia, sarcasmo ou adiamento de atitudes
- Aumento de hábitos que denotam nervosismo, como: tamborilar os dedos, bater os pés, balançar as pernas etc.
- Outros

DE RELACIONAMENTO
- Culpa
- Apego exagerado
- Aumento ou diminuição do impulso sexual
- Desconfiança
- Pouco contato com amigos
- Menos amor e confiança
- Mais exigência
- Negação
- Aumento do número de discussões
- Isolamento das pessoas amadas
- Intolerância
- Falta de intimidade
- Ressentimento
- Outros:

ESPITIRUAIS

- Apatia
- Cinismo
- Dúvida
- Desencorajamento
- Sentir-se distante de Deus
- Incapacidade de perdoar
- Pouca alegria
- Perda de direção
- Perda da fé
- Perda de significado das coisas
- Sensação de ser um mártir
- Necessidade de provar a si mesmo
- Atitude de "ninguém se importa"
- Falta de paz
- Pessimismo
- Impotência
- Perda da esperança
- Outros

Se você é como a maioria das pessoas, com certeza assinalou muitos dos sintomas listados acima. Alguns, no entanto, são indicadores mais importantes do que outros. Volte à lista e circule três sintomas que você sente que são os indicadores de estresse que mais prontamente revelam que o estresse tem tido um efeito negativo em você. Pense nesses indicadores como sendo as luzes de emergência que se acenderam no painel [de sua mente para avisá-lo de que algo não está bem]. Essas luzes de advertência o informam quando existe um probleminha que precisa ser solucionado para que você possa prosseguir em sua viagem. Da mesma maneira, seus indicadores são apenas sinais de alerta que o avisam de que você precisa seguir as orientações dadas neste capítulo para lidar com esse período de muito estresse de maneira mais efetiva.

USANDO SEUS INDICADORES DE ESTRESSE

Depois de você completar seu inventário de sintomas estressantes e identificar três indicadores, reserve algum tempo para refletir sobre os momentos em que ficou estressado e responda às questões seguintes.

- Como o estresse que estou sentindo afeta minhas emoções?
- Senti emoções que, em geral, não sinto?
- Minhas emoções foram mais intensas do que o usual? Como?
- Houve alguma coisa que me impediu de estabelecer prioridades e de me concentrar nessas atividades enquanto me desligava de todo o restante?
- Havia alguém a quem eu pudesse pedir ajuda? Se não o fiz, o que me impediu de fazê-lo?

- O que posso fazer no futuro quando estiver encarando esse tipo de estresse para usar algumas das ideias trabalhadas neste capítulo?

PRATICANDO E ADOTANDO
O DESCANSO DO S*ABBATH*

Planeje seu domingo ou outro dia da semana [que escolher para ser o seu dia de descanso] de maneira que tenha poucas demandas por sua energia física e emocional. Por exemplo, você pode preparar as refeições no dia anterior, sair para comer fora ou então ter à mão alimentos que precisem apenas ser aquecidos para se consumir. Junte-se aos outros para adoração ou vá a algum lugar onde se sinta preparado para refletir em Deus. Certifique-se de reservar um tempo para orar tanto para as pessoas amadas como para os demais que estão presentes em sua vida, inclusive para aqueles que podem estar lhe causando dificuldades. Recapitule as razões pelas quais está lendo este livro e considere os *insights* que Deus lhe deu até agora. Peça ajuda a Ele para entender as lições, de maneira a se tornar mais parecido com a imagem de Cristo. Se você estiver muito ocupado, considere a possibilidade de começar tirando apenas um período de descanso de meio *sabbath*.

Não se esqueça de que se divertir um pouco é parte essencial do *sabbath*. Reserve um tempo para assistir a um filme, praticar um esporte, ouvir uma música ou para fazer qualquer outra coisa que lhe dê prazer. O descanso do *sabbath* também inclui passar um tempo com a pessoa amada e com parentes e amigos com os quais mantenha relacionamentos positivos. Tanto quanto possível, faça apenas as coisas que o restaurem e o revitalizem.

CONSIDERE O SEU PADRÃO DE SONO

Este capítulo discutiu a necessidade de um número adequado de horas de sono para que suas emoções funcionem bem. Reveja os indicadores comuns da falta de sono. Se você marcou dois ou mais deles, faça o exercício que é descrito neste capítulo e determine sua necessidade de horas de sono. Uma vez que tiver feito isso, comece a ir dormir em um horário que lhe permita usufruir sempre das horas que lhe são suficientes.

OBSERVE SUA DIETA E PRATIQUE EXERCÍCIOS

Reserve algum tempo da semana para observar o que você come e como se exercita. Se não estiver se cuidando, crie uma lista de três coisas que pode fazer para melhorar sua alimentação ou para incluir alguns exercícios em sua rotina. Isso pode ser tão simples quanto comer uma maçã em vez de uma barra de chocolate ou usar as escadas no lugar do elevador. Se fazer dieta e/ou exercitar-se for difícil para você, fale com alguém que seja experiente no assunto.

FAÇA PEQUENOS INTERVALOS DEPOIS DE PERÍODOS DE ATIVIDADES INTENSAS

Uma extensão da ideia de descanso sabático é incluir pequenos intervalos em sua rotina diária. Muitas pessoas pulam direto de uma atividade para outra. Isso não dá tempo para que seu corpo e sua mente se recuperem. Se você faz isso, tire um tempo para realizar pequenas pausas depois de um período de intensa atividade. Isso permite a seu corpo relaxar e, com frequência, faz a diferença em como você responde, emocionalmente, às pessoas e aos acontecimentos.

Se você costuma trabalhar de manhã e à tarde, comece a fazer uma pausa em seu horário de almoço. Muitos consideram que tirar algum tempo para descontrair-se, em geral, torna-os mais produtivos. Se você trabalha em casa, estabeleça horários específicos para relaxar durante alguns minutos.

Depois de um dia estressante de trabalho, desenvolva um ritual ou rotina que possa usar para desconectar-se e relaxar. Algumas pessoas acham que atividades solitárias, como leitura, entreter-se com um *hobby* relaxante ou apenas sentar-se tranquilo podem ser muito eficazes. Outros preferem atividades envolvendo filhos, cônjuges ou amigos. Isso não precisa acontecer por um período longo ou arrastar-se muito. Em geral, de dez a 20 minutos são suficientes para reenergizá-lo e reequilibrá-lo emocionalmente.

CAPÍTULO 5

O LADO MENTAL
DAS EMOÇÕES

A *Bíblia* está repleta de passagens que reconhecem a importância de nossa habilidade de pensar e raciocinar. Isaías 1:18 nos convida: "Venham, vamos raciocinar juntos". Paulo nos incita a "sermos transformados pela renovação de nossa mente" (Romanos 12:2) e ressalta que a pessoa espiritualizada tem a "mente de Cristo" (1 Coríntios 2:16). O salmista clama: "Ensina-me seus decretos" (119:12,68). A introdução dos provérbios é dedicada à importância de conquistar a sabedoria. Quando encontrou os discípulos após a ressurreição, Jesus "abriu-lhes a mente para que eles pudessem entender as Escrituras" (Lucas 24:45). Essas são apenas algumas amostras dos versículos que demonstram o importante papel que seus pensamentos e crenças exercem em sua vida. Isso é especialmente verdadeiro no que tange às suas emoções.

Neste e nos próximos capítulos, exploraremos o lado mental das emoções ao observá-las sob a perspectiva do chamado modelo cognitivo das emoções. Esse modelo explica a relação que existe entre seus pensamentos e as várias emoções que você sente. Entender essa relação vai lhe dar uma compreensão mais profunda das Escrituras e de trechos como os descritos acima. O modelo também realça muitos princípios bíblicos para administrar suas emoções mais efetivamente e transformá-las de modo que fiquem mais próximas do que foram concebidas para ser na época da criação de Adão e Eva.

O MODELO COGNITIVO DAS EMOÇÕES

A palavra "cognição" refere-se aos pensamentos. Assim, o modelo cognitivo das emoções focaliza o papel que os pensamentos exercem para gerar as emoções. De maneira mais simplista, esse modelo vê suas emoções como a resposta a sua percepção dos acontecimentos e o significado que você dá a eles. Quando algo acontece, sua mente usa tanto processos inconscientes quanto processos conscientes para interpretar um acontecimento. É essa interpretação que desencadeia suas emoções. Por sua vez, essas emoções o incitam a agir em linha com sua interpretação dos acontecimentos. Esse processo é usualmente representado pelo diagrama:

> acontecimento → interpretação → emoção → ação

Uma vez que muitas ações são resultado de sua percepção e interpretação dos acontecimentos, afirmações comuns como "Você me deixou zangado" e "Isso me entristece" não são verdadeiras. Não é a pessoa ou o acontecimento que o deixam triste e/ou zangado, mas sua interpretação do que está acontecendo.

A história do encontro de Davi com o rei Saul, descrita em 1 Samuel 24, ilustra bem como diferentes interpretações podem desencadear respostas emocionais amplamente divergentes. Saul foi informado de que Davi estava no deserto de En Gedi e o perseguiu com 3 mil soldados. Enquanto Davi e seus homens estavam se escondendo no fundo de uma caverna, Saul entrou na caverna para fazer suas necessidades físicas. Os homens de Davi ficaram empolgados, eles viram isso como uma oportunidade de matar Saul. Davi, por sua vez, viu as coisas de maneira diferente. Ele se esgueirou e cortou um pedaço do manto de Saul sem que o rei percebesse. Os homens de Davi ficaram muito zangados, pois consideraram aquela atitude um desperdício da oportunidade única de eliminar alguém que estava ameaçando suas vidas. Davi, no entanto, estava enfrentando um dilema de consciência por ter cortado um pedaço do manto de Saul. Ele disse a seus homens: "O Senhor me guarde de fazer tal coisa ao ungido do Senhor, estendendo minha mão contra ele" (1 Samuel 24:5-6). As mesmas circunstâncias interpretadas diferentemente resultaram em reações diferentes em Davi e em seus homens.

Quando olhamos mais de perto para as várias interpretações que geram as emoções, percebemos que elas se baseiam em se uma necessidade foi atendida, uma ameaça foi observada ou se ocorreu algum tipo de perda. Nesse modelo simplificado, a satisfação de uma necessidade desencadeia várias emoções positivas como alegria, satisfação e empolgação. Uma ameaça desencadeia medo ou ira. Uma perda desencadeia tristeza ou pesar. Tenha em mente que quando as palavras medo, ira e tristeza são usadas aqui, cada uma representa uma ampla gama de sentimentos e emoções. A ira pode variar desde uma leve irritação até uma raiva intensa; o medo pode ir desde o simples medo até o pânico; e a tristeza vai desde o desapontamento até a depressão. Esse modelo cognitivo ampliado pode ser diagramado da seguinte maneira:

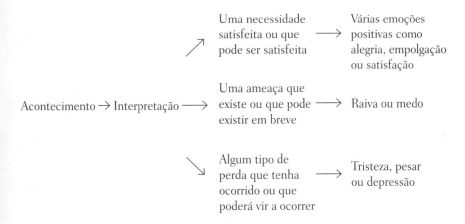

Apesar de a maioria das emoções ser gerada através de processos cognitivos como mostrado acima, existem algumas exceções importantes. O Capítulo 3 mostra que muitas variáveis físicas podem interferir em seu mecanismo emocional, como as drogas, toxinas químicas e problemas genéticos herdados que causam desequilíbrio químico, bem como a fome, a fadiga, as doenças e o estresse diários. Além disso, algumas respostas emocionais parecem estar bem arraigadas dentro de todos nós, como a empolgação sentida quando vemos alguém atraente do sexo oposto. Outro importante tipo de resposta emocional que não se encaixa no modelo cognitivo descrito até aqui é algo chamado resposta emocional condicionada, que será vista com mais detalhes no Capítulo 10.

COMO AS CRENÇAS AFETAM SUA
INTERPRETAÇÃO DOS EVENTOS

Muitos fatores influenciam a interpretação que você faz dos eventos. O mais relevante dentre todos tem a ver com suas crenças. Suas crenças são a fonte primária que sua mente utiliza para saber se algo é seguro, perigoso, desejável, importante ou não. Como descrito anteriormente, essas interpretações geram emoções que o incitam a realizar uma ação. Se você acredita que algo não é importante ou necessário, você o ignora. Porém, quanto mais piamente acredita em algo, mais fortes são suas emoções e a consequente necessidade de agir baseado nessa crença.

Olhando novamente para o exemplo de Davi e de seus homens, descrito em 1 Samuel, vemos que os homens de Davi viam Saul como um inimigo que precisava ser destruído. Como tal, o desejo deles era matar Saul e eliminar o perigo que ele representava. Foi por isso que ficaram tão zangados quando ele escapou. Davi, no entanto, via Saul como o "ungido do Senhor". Suas crenças e devoção a Deus eram tão grandes que excederam em muito a da ameaça que Saul representava. Sendo assim, ele decidiu que não poderia ir contra a vontade de Deus. Foi por isso que Davi não conseguiu ferir seu rei ou porque ele ficou emocionalmente abalado depois de cortar uma parte do manto de Saul, quando poderia ter conseguido seu propósito agindo de outra maneira.

Essa ligação entre crenças e emoções nos oferece uma importante chave para entender por que as emoções se tornam tão destrutivas apesar de, como tudo o mais que Deus criou, terem sido criadas para ser uma bênção. Interpretações que se baseiam em crenças mundanas, em vez de refletir a mente de Deus, geram emoções como ansiedade, medo, ódio, ira, ressentimento, ciúme e inveja. É por isso que é essencial conhecer e entender a *Bíblia* se você deseja que suas emoções funcionem como Deus queria que funcionassem.

À medida que conhece e compreende o mundo de Deus, você descobre que sua interpretação dos eventos começa a se alinhar cada vez mais à maneira como Deus vê você e o mundo. Isso, por sua vez, desencadeia emoções que vão ao encontro do que agrada a Deus. Compreender o perdão que lhe foi concedido facilita quando você tem de perdoar o outro, e a compaixão substitui a raiva. Quando depara com alguém que é orgulhoso e arrogante, em vez de você se sentir irritado e na defensiva, sentirá tristeza ao perceber o quão perdida essa pessoa está. E, ao se dar conta da paciência que Deus tem tido com você, achará mais fácil ser paciente com os outros. Ao sentir o quanto Deus, de fato, o ama e que criou um glorioso futuro que está à sua espera, paz e alegria substituem a preocupação e o medo.

Compreender a natureza temporária desta vida e ter confiança tanto na ressurreição quanto no futuro em Cristo nos permite superar o maior de todos os medos: o medo da morte. Isso garante aos cristãos a proeza de encarar a morte com uma paz que o restante do mundo não compreende, e proclamar com Paulo: "Onde, ó morte, está a tua vitória? Onde, ó morte, você se assenta?" (1 Coríntios 15:55). Essa confiança também permite que a ousadia substitua o medo quando se fala de Cristo com os outros.

Antes de prosseguir, façamos uma breve pausa para avaliar mais atentamente duas palavras que usei nos parágrafos anteriores, *saber* e *compreender*. Saber alguma coisa é ter consciência disso e ter informação sobre isso. Compreender alguma coisa é o mesmo que sabê-la completamente como resultado de um contato próximo ou de longa experiência com isso. Um dos problemas de observar as emoções sob o modelo cognitivo é que as pessoas sempre acreditam que basta ter informações para mudar a maneira como se age e se reage emocionalmente. Ainda que "renovar" suas emoções seja importante, as outras dimensões para as quais estamos olhando – subjetiva, física e mental – são igualmente importantes.

O papel da experiência para modelar nossas crenças e reações emocionais é um bom exemplo de como a verdadeira compreensão pede mais do que apenas saber algo. No Capítulo 2 discutimos como a experiência coloca uma espécie de "selo emocional" em algumas informações que aprendemos tornando-as mais importante que as experiências que ainda não receberam esse selo. Assim, embora *saber* o que tem na *Bíblia* seja importante, passar um tempo com Deus em oração e meditação e passar mais tempo com o povo de Deus é como, de fato, se pode *compreender* as palavras Dele. Essas experiências imprimem ao texto que você lê um selo emocional que torna a palavra viva e lhe proporcionam um *verdadeiro entendimento* de Deus. É esse entendimento que leva a verdadeiras mudanças em sua interpretação dos acontecimentos diários e em como você responde, emocionalmente, a eles. Um dos melhores exemplos de conhecimento sem um verdadeiro entendimento pode ser encontrado no livro de Tiago, quando ele diz: "Você acredita que existe um só Deus. Bom! Até mesmo os demônios acreditam nisso – e deu de ombros" (Tiago 2:19). Demônios sabem que existe um só Deus, mas eles não o compreendem e entendem verdadeiramente.

COMO OS HÁBITOS AFETAM SUA INTERPRETAÇÃO DOS ACONTECIMENTOS

Embora, com frequência, tomemos decisões conscientes sobre o que achamos que um acontecimento signifique e como respondemos a eles, muitas de nossas respostas e comportamentos emocionais são apenas hábitos arraigados em nós. O Capítulo 3 discutiu como a mente é uma sinfonia de atividades, muitas das quais acontecem sem que estejamos plenamente conscientes delas. Alguns comportamentos se tornam tão automáticos que precisamos de pouquíssima atenção consciente para realizá-los. Vamos pegar um exemplo muito simples disso: o ato de escovar os dentes. Esse é um gesto que muitos de nós faz quase automaticamente, sem nenhum pensamento consciente. Da próxima vez que escovar seus dentes, segure a escova com a mão oposta àquela que você normalmente usa. Observe quanto esforço mental é necessário para realizar uma tarefa que, em geral, demanda pouquíssimo raciocínio para ser executada.

Da mesma forma que a ação de escovar os dentes se torna apenas a repetição de um ato padrão de comportamento, a maneira como você interpreta e reage aos eventos diários é um ato padrão de raciocínio e reação mental. À medida que amadurece, você aprende a identificar diferentes objetos, pessoas, medos, desejos, emoções ou ausência de emoções. Quando encontrados, cada objeto, pessoa ou acontecimento desencadeia um comportamento já ensaiado e respostas emocionais já arraigadas. O mais curioso é que essas respostas, com frequência, se chocam com o que dizemos ou pensamos. No entanto, uma vez que estamos pensando com pouca ou nenhuma consciência, não costumamos perceber a existência de conflitos.

Mídias eletrônicas modernas, como a televisão, o cinema, a internet e os *videogames*, têm um papel importante no desenvolvimento e na manutenção dessas associações. Pessoas que passam muito tempo vendo gráficos de imagens, histórias contendo ira, violência e conteúdo sexual estão incutindo comportamentos mentais e reações emocionais correspondentes. Quanto mais se vê um dado conjunto de reações emocionais, mais provável é que você comece a reagir como eles em sua vida real.

Isso não significa que ver filmes violentos vai transformá-lo numa espécie de *serial killer*. No entanto, numerosos estudos têm indicado que isso torna as pessoas mais agressivas. Da mesma forma que assistir a programas com forte conteúdo sexual tende a levá-lo a ter mais pensamentos sensuais e a focar mais em sua sexualidade e na dos outros. Essa é uma das razões pela qual Paulo nos exorta a "O que quer que seja verdadeiro, o que quer que seja nobre, o que quer que seja correto, o que quer que seja puro, o que quer que seja admirável – qualquer coisa que seja excelente e digna de louvor – pense sobre isso" (Filipenses 4:8). Fazendo isso seu cérebro vai se ater a valores que são nobres, corretos, puros admiráveis e dignos de louvor. Infelizmente, com frequência, passamos muito tempo pensando e "mergulhando" em coisas que são exatamente o oposto disso. Na realidade, grande parte da propaganda e publicidade do mundo secular moderno reforça atitudes, crenças e comportamentos que são exatamente o oposto daquelas que Deus deseja que desenvolvamos.

Reserve um momento para considerar a visão de mundo e as crenças subjacentes à publicidade e aos programas que você tem visto e ao material secular que tem lido ultimamente. Marque todas as ideias listadas abaixo que foram expressas nesses materiais.

- Estamos aqui para aproveitar a "boa vida".
- Não deveríamos precisar nos negar as coisas que queremos.
- Conter seus ímpetos e desejos não é bom nem necessário. Se lhe faz bem, faça-o.
- Temos direito à felicidade.
- A vida sempre deveria ser boa e excitante.
- Fique com seu parceiro só enquanto for bom, quando não for mais, procure outra pessoa.
- Ninguém deveria sofrer ou suportar algo desagradável.
- A vida deveria ser justa.
- Não deveríamos ser obrigados a pensar demais ou a ter de lutar com ideias difíceis.
- Não deveríamos ter de esperar pelo que desejamos.
- Não existe verdade absoluta nem nada que seja absolutamente certo ou errado. Tudo é relativo.
- Existem muitas maneiras de alguém poder ser espiritualizado e encontrar Deus. Todas são igualmente válidas.
- Dever, honra e servir são conceitos ultrapassados que impedem que você viva plenamente.
- Está tudo certo se você trapacear, mentir e roubar se as circunstâncias assim o pedirem. Todo mundo faz isso

- Sexo é uma função natural e não tem implicações morais desde que você não dissemine doenças ou falhe ao evitar uma gravidez indesejada. Aproveite o máximo que puder.
- Com consentimento mútuo, adultos podem fazer o que desejarem em sua vida privada.
- O casamento é apenas uma formalidade.
- Grande parte dos nossos problemas são cicatrizes que nos foram infligidas pelos pais, pela religião ou pela sociedade.
- Culpa e vergonha são prejudiciais e podem ser sintomas de problemas psicológicos.
- Você é desajustado se o temor a Deus o impede de fazer ou usufruir algo.

Ainda que todas essas sejam mensagens comuns da propaganda e do entretenimento no mundo moderno, elas são exatamente o inverso das verdades que Deus pregou por meio da *Bíblia*. Elas são o que Paulo chamou de "sabedoria do mundo" (1 Coríntios 3:19) e um "ponto de vista mundano" (2 Coríntios 5:16). Tiago descreve isso como "sabedoria" que ele diz "não vem do céu [...] mas do demônio" (3:15). Sempre que seus pensamentos e ações se basearem na "sabedoria do mundo", você terá "trocado a sabedoria de Deus por uma grande mentira" (Romanos 1:25).

O PAI DAS MENTIRAS

Satã usa muitos nomes diferentes. Cada um descreve um aspecto particular da personalidade dele. Vemos um desses aspectos quando Jesus diz: "Quando ele mente, ele usa sua língua nativa, pois ele é um mentiroso e o pai da mentira" (João 8:44). Uma das estratégias de Satã tem sido implantar mentiras como aquelas listadas na seção anterior que fala sobre gerar emoções e comportamentos mundanos que nos afastam de Deus e nos causam todos os tipos de tristezas e dores.

O trabalho de Satã de implantar mentiras em nossa consciência começou com Adão e Eva e continua até hoje. No que se refere a eles, as mentiras de Satã suscitaram dúvidas sobre as intenções e a confiabilidade e Deus. "Deus realmente disse, 'vocês não devem comer de nenhuma árvore do jardim'?" (Gênesis 3:1). Outros [versículos] dizem: "Deus sabe que quando vocês comerem deste fruto seus olhos se abrirão e vocês serão como Deus, conhecendo o Bem e o Mal" (Gênesis 3:5). Na realidade, nosso desejo de nos tornar Deus, em vez de honrarmos ao verdadeiro Deus e mantê-lo no local certo em nossas vidas, é um dos elementos mais básicos de nossa natureza pecadora.

À medida que os filhos e filhas de Adão e Eva se multiplicaram e se espalharam pelo mundo, Satã continuou seu trabalho, e hoje existem muitas mentiras que permeiam nossa sociedade. Muitos se baseiam em duas mentiras fundamentais. A primeira é a ideia de que Deus tem pouca ou nenhuma influência em nossa rotina diária porque Ele não existe, não está interessado em nós ou está muito distante de nossa vida rotineira. A segunda é que esta vida é tudo o que você tem. Na realidade, as crenças seculares listadas anteriormente são todas extensões dessas duas mentiras.

A VERDADE O LIBERTARÁ

A chave para desafiar [e desbancar] as mentiras que Satã espalhou tão eficazmente pelo mundo e se libertar do efeito delas é descobrir a verdade e praticá-la em seu dia a dia. O evangelho de João reporta que Jesus disse aos judeus que acreditavam nele "Se vocês aprenderem meus ensinamentos, serão de fato meus discípulos. Então conhecerão a verdade, e a verdade os libertará" (8:31-32). Quanto mais você souber e compreender as verdades da *Bíblia*, mais fácil será identificar as mentiras. À medida que identificar as mentiras específicas que estão direcionando seus pensamentos e comportamentos, pratique dizendo a verdade para si mesmo. Com a verdade substituindo a mentira, você descobrirá que suas emoções mudaram porque agora você está vendo as coisas como Deus as vê. Isso, por sua vez, o ajudará [a ver as coisas] de uma maneira muito mais cristã.

Toda vez que identificar uma mentira que o está aprisionando em alguma área de sua vida, três atitudes podem ajudá-lo [a se libertar]. Primeiro, peça a Deus para ajudá-lo tanto quando a mentira estiver controlando sua vida quanto para inundá-lo com os pensamentos Dele. Certifique-se também de pedir a Deus para ajudá-lo com os dois próximos passos.

O segundo passo é identificar os versículos da *Bíblia* que você pode usar para combater as mentiras. Se você não está familiarizado com a *Bíblia*, peça ajuda a alguém que esteja maduro em Cristo e seja bem versado nos assuntos bíblicos. Alguns consideram que alguns livros de referência sobre os ensinamentos bíblicos podem ser de grande ajuda. Também existem várias ferramentas de busca grátis sobre a *Bíblia* disponíveis na internet.

O terceiro passo é pedir a alguém em quem confia e conheça bem os ensinamentos de Cristo para ser seu parceiro. Ter alguém com que partilhar progressos e dificuldades há muito foi provado ser de grande eficiência para fortalecer a capacidade de uma pessoa para mudar. Certifique-se de pedir a esse parceiro que ore por você, especialmente pelos pensamentos e comportamentos que deseja mudar. A mentira que o tem aprisionado tem uma dimensão espiritual, pois nossa batalha não é apenas contra o cérebro. Isso será discutido em mais detalhes no início do Capítulo 7.

▸ **ATIVIDADES RECOMENDADAS**

IDENTIFIQUE MENTIRAS QUE SÃO PARTE
DE SUAS CRENÇAS E COMPORTAMENTOS

Reserve um momento para pedir a Deus que o ajude a usar este exercício para se tornar consciente das mentiras que Ele deseja que você veja que têm sido parte de sua vida. Então pare alguns momentos para pensar sobre os acontecimentos das últimas semanas e para identificar eventos que desencadearam emoções negativas como raiva, ansiedade, tristeza, mágoa, ciúme ou ressentimento. Isso pode incluir aquelas vezes em que outros o provocaram, desafiaram ou mesmo o magoaram; ocasiões em que você não conseguiu o que desejava; ou aquelas vezes em que algo muito impessoal ocorreu, como ter ficado preso no trânsito ou experiências desagradáveis com o mau tempo. Liste tudo numa folha de papel e ao lado coloque algumas frases descrevendo brevemente o que houve e como você se sentiu (anote tudo o que lhe vier à lembrança). Se você estiver registrando tudo o que lhe acontece num diário ou caderno de anotação, como sugerido anteriormente nas Atividades Recomendadas, você poderá usar esses registros aqui também.

Quando tiver terminado, identifique algumas vezes em que tenha experimentado uma profunda sensação de paz, excitação ou alegria. De novo, inclua umas poucas palavras para descrever o que sentiu e pensou na ocasião. Adicione novos exemplos à sua lista durante os dias que se seguirem.

Uma vez que tiver completado a lista, reveja a lista de mentiras do capítulo e identifique qualquer uma delas que possa ter contribuído para as emoções, positivas ou negativas, que você tenha experienciado. À medida que anotar novos itens, reveja a lista e identifique mentiras que contribuíram para a sua reação.

Como é impossível listar todas as mentiras com os quais deparou em uma lista curta como a que fazemos neste capítulo, fique atento a outras mentiras que possam estar minando seus pensamentos [e emoções]. O princípio básico é: qualquer crença ou pensamento que não reflita a verdade em linha com o que nos foi dito e revelado na *Bíblia* é mentira. Sempre que identificar uma mentira que exerceu um papel na maneira como você interpretou as coisas, certifique-se de registrar o fato em seu diário.

Para cada mentira que você identificar como parte de seu sistema de crença ou de seus pensamentos habituais, escreva – com as próprias palavras – uma afirmação simples sobre a verdade naquele caso, como apresentada na *Bíblia*. Então encontre versículos que reflitam essa verdade e use-os para desbancar a mentira.

A seguir selecionei dez mentiras usuais da lista que está neste capítulo e para cada uma listei um exemplo de uma afirmação bíblica que a contradiz. Também listei versículos que podem ser usados para substituir a mentira pela verdade todas as vezes que você notar que ela está influenciando seus pensamentos e suas emoções. Tenha em mente que os exemplos a seguir são apenas o ponto de partida. Pode-se escrever um livro inteiro sobre o assunto. Além disso, muitas pessoas que estão contra-atacando a mesma mentira podem usar diferentes palavras e afirmações bíblicas ou selecionar versículos que falem "mais alto" para elas.

Converse com alguém de sua confiança à medida que estiver listando essas afirmações sobre a verdade, a fim de assegurar-se de que está entendendo bem o que a *Bíblia* diz. Você ficará surpreso com as percepções e *insights* que Deus lhe dá quando procura e ouve [neste caso, lê] o que está precisando ouvir e/ou saber. As afirmações bíblicas também podem lhe trazer sugestões que nunca antes lhe teriam ocorrido. Não se esqueça de pedir em oração para que Deus o sustente enquanto trilha sua caminhada para superar as mentiras mundanas e encontrar a verdade do Senhor.

Mentira # 1: Estamos aqui para aproveitar a "boa vida".
Verdade: Fomos criados para agradar a Deus. Ele nos revelou na *Bíblia*, claramente, como podemos fazer isso: servindo-o e o adorando-o. Ao fazer isso, encontramos nosso propósito e alegria.

Miqueias 6:8; Mateus 6:25; Marcos 8:34-35; Romanos 8:29; Efésios 2:10; 1 Tessalonicenses 4:1; Tiago 1:2-3; 1 João 2:15-17.

Mentira # 2: Conter seus ímpetos e desejos não é bom nem necessário.
Verdade: Autocontrole é uma virtude frequentemente mencionada na *Bíblia*. É também um fruto do Espírito Santo. Não é apenas um sinal de maturidade, mas é essencial se você pretende agir de uma maneira que agrada a Deus.

Provérbios 19:2; Gálatas 5:22-23; 1 Tessalonicenses 5:6; 1 Timóteo 3:2; Tito 2:11-14; 1 Pedro 1:13; 2 Pedro 1:5-8.

Mentira # 3: Temos direito à felicidade.
Verdade: Este é um tópico muito amplo. Em resumo, não temos direitos, mas temos privilégios por sermos membros da família de Deus. Encontramos a verdadeira felicidade ao servi-lo e adorá-lo.

Eclesiastes 7:20; Isaías 53:6; 55:9; Jeremias 18:1-11; João 9:20-21, 13:12-17, 15:18-20; Gálatas 5:13; Efésios 3:12-13, Filipenses 2:5-11, 4:12-14; 1 João 3:1.

Mentira #4: Ninguém deveria sofrer ou ter de suportar coisas desagradáveis.
Verdade: Vivemos em um mundo conturbado e maculado pelo pecado. Por causa disso enfrentamos muitas tormentas. Se seguirmos Cristo fielmente, somos perseguidos. Porém também gozaremos da paz e força de Deus em meio a todos os problemas.

Gênesis 3:16-19; Mateus 5:10-11; João 16:33; Romanos 8:22-23; 1 Coríntios 10:13; 2 Coríntios 1:3-4; Hebreus 12:7-11; Tiago 1:2-3; 1 Pedro 3:17, 4:12-14.

Mentira # 5: Não deveríamos ter de esperar para conseguir o que desejamos.
Verdade: Paciência é uma virtude frequentemente citada na *Bíblia*. Ela também é fruto do Espírito Santo. Precisamos confiar que Deus conhece nossos desejos e os concede quando estamos prontos para eles.

> Salmos 37:4; Provérbios 19:2; Eclesiastes 7:8; Lamentações 3:26; Mateus 6:31-33; Gálatas 5:22-23; hebreus 6:15, 12:1; Tiago 5:7-8, 10-11; 2 Pedro 1:6.

Mentira # 6: Não existe verdade absoluta nem nada que seja absolutamente certo ou errado. Tudo é relativo.
Verdade: Existe verdade absoluta nestas palavras: Deus existe. Ele é um Deus pessoal que nos revelou na *Bíblia* todos os seus planos para nós; Ele nos ama profundamente e tem nos oferecido uma maneira de nos aproximarmos Dele por meio de Cristo; o Espírito Santo nos dá os meios para nos transformarmos no que Ele deseja para que sejamos abençoados.

> Gênesis 1:1; Salmos 14:1, 19:7-10; Provérbios 14:12, 16:25, 26:12; João 14:6; Romanos 1:18-20, 6-23

Mentira # 7: Sexo é uma função natural e não tem implicações morais desde que você não dissemine doenças ou falhe ao evitar uma gravidez indesejada. Aproveite o máximo que puder.
Verdade: Sexo é um presente maravilhoso que precisa ser vivenciado dentro dos limites que Deus impôs a ele. Ficar obcecado por sexo e perseguir uma satisfação sexual fora dos limites das orientações de Deus nos prejudica e impede que conheçamos as coisas boas que o Senhor nos reservou.

> Gênesis 2:18-25; Eclesiaste 9:9; Provérbios 18:22; Mateus 19:5-6, 15:19-20, Romanos 13:13; 1 Coríntios 6:9, 6:18-20; Efésios 5:3; Hebreus 12:16.

Mentira # 8: Grande parte dos nossos problemas são cicatrizes que nos foram infligidas pelos pais, pela religião ou pela sociedade.

Verdade: Ainda que o pecado dos outros e o Mal que existe no mundo nos afete, nosso principal problema é o pecado e os efeitos dele, que nos afastam de Deus. Tendo resolvido isso por intermédio de Cristo, o Espírito Santo pode nos abençoar com a cura total quando nos entregamos a ele.

> Eclesiastes 7:20; Isaías 53:6, 59:2; Romanos 3:23, 5:12, 8:1-2; Gálatas 5:16; Tiago 1:13-15.

Mentira # 9: Culpa e vergonha são prejudiciais e podem ser sintomas de problemas psicológicos.

Verdade: Culpa e vergonha algumas vezes resultam de crenças equivocadas a respeito de alguém ou de si mesmo. No entanto, culpa e vergonha foram criadas para ser uma espécie de regulador que a consciência usa para ajudá-la a diferenciar o certo do errado. O Espírito Santo as utiliza para nos mostrar quando estamos fazendo algo que não agrada a Deus.

> Gênesis 4:6-7; Mateus 27:3; João 16:8; Atos 24:16; 2 Coríntios 7:10011; 1 Timóteo 4:2; Tito 1:15; 1 Pedro 3:15-16.

Mentira# 10: Você é desajustado se o temor a Deus o impede de fazer ou usufruir algo.

Verdade: Existem muitas atividades pecaminosas que oferecem prazer momentâneo. Contudo, todos os pecados, no longo prazo, levam à dor e ao sofrimento. Assim como as regras impostas pelos pais visam manter os filhos em segurança, os limites que Deus nos impôs servem para manter-nos seguros e para levar-nos à verdadeira paz e alegria.

> Provérbios 1:7, 9:10, 15:33; 1 Coríntios 6:12, 9:24; 10:23-24, 2 Coríntios 8:21, Gálatas 6:9; 2 Tessalonicenses 3:13; 1 João 3:10.

QUAIS SÃO SUAS ESCOLHAS DE DIVERSÃO?

Faça uma pausa para considerar o que você faz em seu tempo livre. Que tipos de programa você vê? Que tipos de música ouve? Que tipos de material costuma ler? Como e com quem costuma passar seu tempo livre? Avalie cada um desses aspectos segundo o conselho [do apóstolo] Paulo.

O que quer que seja verdadeiro, o quer que seja nobre, o que quer que seja correto, o que quer que seja puro, o que quer que seja bom, o que quer que seja admirável – se algo é excelente ou digno de louvor – pense a respeito dessas coisas.
(Filipenses 4:8)

Peça a Deus que o ajude se precisar fazer qualquer mudança. Se perceber que deve mudar, certifique-se de pedir a Deus que mude seus desejos e interesses nessa área específica de sua vida. Também será importante ter um parceiro e/ou conselheiro com quem possa conversar sobre o assunto e sobre o que você descobriu e as mudanças que deseja fazer.

CAPÍTULO 6

CRENÇAS PRINCIPAIS

Quando Claudia veio me ver para sessões de aconselhamento, usava roupas escuras e sérias. Ela raramente sorria. Quando o fazia era um sorriso triste que escapulia daquele exterior duro como rocha.

Claudia cresceu num lar em que conheceu abuso físico e verbal. Seu irmão mais velho a chamava de "cachorra" e, com frequência, surrava-a. Seus pais, ambos alcoólicos, eram igualmente abusivos, tanto verbal quanto fisicamente. Depois de se formar no segundo grau, ela entrou no Exército e casou-se com um homem que continuou o padrão de abuso da família. No entanto, quando ele agrediu o filho mais velho deles, os instintos de proteção de Claudia se manifestaram, ela se divorciou do marido e foi embora.

Ela tinha sido apresentada a Cristo quando criança e sentiu necessidade de reconectar-se a Ele como a única fonte de conforto que já conhecera em sua existência. Infelizmente, ela se uniu a um pequeno grupo de cristãos dirigido por um homem que distorcia muito o *Evangelho*, a favor de si mesmo e de seus propósitos. A vergonha e o desespero dela foram explorados por esse grupo até que um dia não pôde mais suportar. Claudia deixou o grupo e se uniu a uma igreja que praticava o verdadeiro *Evangelho*, a misericórdia e o perdão em Cristo.

Claudia sofria de uma depressão que tinha claramente uma causa biológica. Ela estava se tratando com um bom psiquiatra, mas, como muitos que sofrem desse tipo de problema, ela descobriu que o dano emocional dos anos de abuso interferira em sua recuperação e a impediam de sentir-se bem e alegre. Assim, ela me procurou para ajudá-la com as inúmeras questões psicológicas que a assolavam.

Depois de trabalhar com Claudia por várias semanas e de fazer algum progresso, tive o privilégio de ver o Espírito Santo operar um poderoso milagre em sua vida. Após ter começado orando para que ela fosse liberta dos laços negativos que a prenderam a vida toda, começamos a trabalhar a forte sensação de inutilidade que ela sentia. Quando ela se lembrou de todas as vezes em que fora chamada de inútil e indesejável, comecei a lhe mostrar trechos das Escrituras que explicavam como tudo isso era uma grande mentira e o quão preciosa ela era para Deus. De súbito, os olhos dela finalmente se abriram e, entre lágrimas, ela perguntou: "Então Deus me ama de verdade?". Com o coração inundado pelo amor [divino] que nós dois sentíamos, eu disse "sim". Por entre lágrimas de revelação, Claudia passou a repetir a si mesma "Ele me ama, Ele, de fato, me ama!". Encerramos aquele encontro com uma prece de agradecimento a Deus pelo fato de Claudia conseguir enxergar a verdade, tornando-a mais real para ela do que as mentiras que a tinham mantido presa durante toda sua vida.

No encontro seguinte, ela veio me ver usando um vestido amarelo florido e exibindo um sorriso radiante. Qualquer um que a tivesse conhecido antes saberia que ali estava uma nova mulher. Daí em diante, Claudia viu sua vida assumir um rumo novo e maravilhoso. Ela ainda precisava de medicação para controlar o lado físico da depressão, e ainda tinha muitas questões a resolver e nas quais precisava trabalhar. No entanto, a mudança notável em sua aparência refletiu o trabalho que Deus estava fazendo na vida dela.

No Capítulo 5, falamos de como as mentiras de Satã, na forma de crenças mundanas, levam a interpretações de nossas experiências que nos afastam dos caminhos de Deus e geram grande parte de nossa dor e sofrimento. Neste capítulo, vamos mais fundo e observamos as crenças principais que formam o seu íntimo e você como um SER.

Claudia é um exemplo de como uma mudança fundamental nas principais crenças negativas podem afetar sua interpretação dos eventos diários e fazer uma mudança dramática tanto nas emoções que vivencia como em seu comportamento.

CRENÇAS PRINCIPAIS

Você tem uma gama de crenças sobre todos os aspectos de sua vida. Isso vai desde o trivial, como sua marca de creme dental preferida, até o mais profundo, como quem de fato é você ou qual é a natureza de Deus. Embora crenças, com frequência, sejam vistas como decisões e escolhas feitas conscientemente, os vários processos inconscientes que discutimos nos capítulos anteriores, em geral, exercem um papel fundamental para moldá-las. Um bom exemplo disso é o tipo de carro que você imagina ser o melhor.

Quando você planeja comprar um novo carro, sua decisão baseia-se em muitos fatores inconscientes, tanto quanto em outros de que está consciente. Você pode ler artigos e materiais promocionais sobre vários carros para descobrir o que os especialistas têm a dizer a respeito, e também pode pedir opinião a quem confia. Ainda assim, sua decisão final também é influenciada por suas experiências com carros no passado e crenças que tem sobre si mesmo e sobre qual é seu lugar neste mundo. Essas experiências desencadeiam associações com os vários carros que você vê. Algumas vezes, as influências são sutis, como a influência de imagens e associações com propagandas e campanhas publicitárias. Em outras, elas são muito fortes, como quando você vem um veículo e repentinamente se lembra de outro que teve um significado especial em algum momento de sua vida. Além disso, outras crenças e seu modo habitual de pensar, como se precisa de um modelo "bacana" ou de um carro prático e econômico vão influenciar sua decisão final.

Algumas vezes, sua maneira habitual de pensar e fatores inconscientes estão em conflito com o que você diz que acredita. Por exemplo, se você perguntasse a Claudia sobre como Deus a via antes e depois de ela conseguir superar seus vínculos com o passado, ela teria dito que Deus a amava e por meio de sua fé em Cristo ela era especial para Ele. No entanto, essa conversa habitual e condicionada a respostas emocionais da infância, com frequência, levava-a a pensar que não tinha nenhum valor e merecia ser maltratada e enxovalhada pelos outros – uma mensagem que tinha ouvido de tantas maneiras diferentes ao longo dos anos e que acabou ficando enraizada na personalidade dela. Essas respostas inconscientes podem ser vistas como um conjunto de regras, a que chamamos crenças principais, que vão nortear e controlar as interpretações que Claudia faz dos acontecimentos e comportamento em muitas situações cotidianas.

As regras subconscientes que estamos descrevendo não são, de fato, crenças em seu sentido convencional. No entanto, como ocorreu com Claudia, elas costumam exercer um papel modelador sobre os pensamentos e comportamentos das pessoas. Outra maneira de olhar para esses padrões subconscientes é refletir sobre o velho ditado [em inglês] que diz mais ou menos assim: "Se algo se parece com um pato, anda como um pato e faz *"quack"*, então o chame de pato". Ao chamar esses comportamentos automáticos e padrões de pensamento e comportamento de crenças principais, você ganha uma ferramenta tanto para pensar sobre eles quanto para mudá-los.

No caso de Claudia, ela parecia, agia e pensava como se fosse alguém que não merecia nem podia ser amada. Essa foi a mensagem que ela recebeu, primeiro quando criança, depois como esposa, depois como membro de um grupo religioso abusivo. Assim, embora ela tivesse aprendido que a natureza de Deus é o amor e que ela era preciosa, seus pensamentos e comportamento eram totalmente controlados pela mensagem enraizada [em seu íntimo] de que era indesejável e não merecia ser amada e respeitada.

Para certificar-se disso, [veja que] para muitas pessoas as crenças principais refletem-se em seu comportamento e no que elas dizem acreditar. Contudo, mesmo quando isso é verdade, a ideia de crenças principais nos oferece uma ferramenta para mudar reações emocionais e comportamentos que não condizem com o que a *Bíblia* nos ensina.

Também é verdade que pessoas cujas crenças principais estão em conflito com as crenças que proclamam nem sempre estão conscientes dessa discrepância. Em muitas ocasiões, em nosso trabalho inicial, Claudia dizia se sentir mal-amada e desvalorizada. Em uma parte de sua alma ela sentia que Deus a amava, mas sua reação emocional estava direcionada para as crenças principais destrutivas que controlavam grande parte de sua vida. Na realidade, como Claudia, você descobrirá que suas reações emocionais aos acontecimentos revelam as crenças principais que norteiam sua vida.

As crenças principais que orientam muito nosso comportamento e nossa vida emocional podem ser divididas em quatro grupos básicos.

- Você mesmo: sua personalidade, suas forças e fraquezas.
- A natureza de seus relacionamentos.
- O mundo a sua volta.
- A natureza de Deus.

As mentiras comuns que vimos no Capítulo 5 lidam principalmente com a natureza dos relacionamentos com o mundo como visto pela publicidade, pelo mundo do entretenimento e pela cultura popular que nos cerca. Ainda que isso com frequência se torne parte importante das crenças principais das pessoas que orientam o comportamento, as crenças destrutivas que estamos analisando neste capítulo, em geral, surgem de experiências que temos enquanto crescemos [ou seja, em nossa infância e adolescência].

Na infância, existem muitas coisas que levam a pessoa a desenvolver crenças principais destrutivas, fazendo-a ver a si própria como inadequada, inútil, incompetente, indigna de qualquer coisa boa. Uma das razões disso são cuidadores infantis, aqueles que lidam com as crianças nos primeiros anos de vida, inflexíveis, negativos, abusivos, ausentes ou imaturos. No entanto, crianças que vêm de lares estruturados, com pais amorosos e justos, também podem desenvolver crenças principais negativas. Algumas vezes, isso se deve a circunstâncias adversas, como o divórcio dos pais, a presença de algum tipo de dificuldade ou deficiência no ambiente escolar etc. Traumas emocionais ou físicos também podem gerar crenças principais destrutivas, como ser o alvo da zombaria e do destrato de outras crianças ou de interações abusivas com adultos fora da família.

Exemplos comuns desse tipo de crenças principais negativas que podem minar a vida de um indivíduo são listados abaixo. Elas foram agrupadas nas quatro áreas que mencionamos anteriormente. À medida que lê-las, marque ao lado aquelas que refletem o que você diz ou pensa, ou ainda, que refletem como se sente sobre si mesmo e sobre as circunstâncias que vivencia.

Exemplos de crenças principais destrutivas sobre si mesmo

- Sou inferior aos outros – Não sou tão inteligente, atraente ou capaz quanto os outros.
- Não sirvo para nada; sou inútil.
- Não sou digno de ser amado.
- Não sou tão interessante ou desejável.
- Sou sujo.
- Minhas necessidades são ruins ou não têm importância.
- Sou uma pessoa má.
- Não posso ser bem-sucedido.
- Não consigo fazer nada direito.
- Sou incompetente.
- Sou louco.
- A raiva é perigosa e me faz perder o controle (portanto, devo suprimi-la)
- Emoções são perigosas, é preciso mantê-las sob controle ou algo ruim pode acontecer.
- Meu único valor é cuidar e tratar bem (d)os outros.
- Não tenho o direito de proteger a mim mesmo.
- Não posso confiar em meus sentimentos ou percepções.
- É egoísmo ter minhas necessidades atendidas.
- Minha felicidade é tudo o que importa.
- Preciso ficar no controle.
- Preciso ser forte sempre.
- Sou melhor que os outros.
- Posso descobrir as coisas por mim mesmo.
- Sei tudo o que preciso saber

Exemplos de crenças principais destrutivas sobre relacionamentos

- A intimidade é dolorosa (ou perigosa), portanto, nada de se aproximar demais das pessoas.
- Se me aproximar demais de alguém posso me magoar.
- Conflitos são perigosos.
- As pessoas não são confiáveis; elas sempre nos desapontam.
- Não se deve confiar em ninguém.
- Outros estão no controle de minha vida.
- Mais cedo ou mais tarde, as pessoas sempre nos abandonam.
- A única pessoa de quem podemos depender é de nós mesmos.
- De muitas formas, os outros são nossos adversários, é preciso estar sempre em guarda e preparado para lutar para garantir que ninguém tomará o que é nosso.
- Pessoas com poder e autoridade são perigosas.
- Ninguém me entende.
- Posso perder aqueles que amo a qualquer momento.
- O sexo oposto é inferior/superior.
- Sou responsável pelo bem-estar dos outros.
- Se as pessoas perceberem como sou de verdade, não vão gostar de mim.
- Nunca devo fazer algo que magoe os outros (mesmo quando eu estiver magoado ou em perigo).
- Tenho o direito de fazer o que quero não importa o que aconteça.
- Não preciso de nada nem de ninguém. Posso cuidar de mim mesmo.
- Se eu permitir que alguém mais fique no comando, estarei em perigo.

Exemplos de crenças principais destrutivas sobre o mundo

- O mundo é perigoso e assustador.
- Não estou seguro – algo muito ruim pode acontecer a qualquer momento.
- Não existe lugar seguro no mundo.
- Quando coisas ruins acontecem comigo, a culpa é minha.
- Não tenho poder ou controle.
- Não existe nada que posso fazer para mudar os acontecimentos.
- A vida não tem sentido.
- A vida é dura. Viver é sofrer.
- Apenas os fortes sobrevivem. Nunca demonstre fraqueza.
- Morte e doença são terríveis. Cuide bem de seu corpo porque ele é frágil e algo horrível pode acontecer a qualquer momento.
- Ganhar é tudo, perder é apenas para os perdedores.
- Felicidade é *ter* as coisas. (Variações usuais: felicidade é ter poder, dinheiro, posição, objetos de valor ou de desejo etc.)

Exemplos de crenças principais destrutivas sobre a natureza de Deus

- Deus não existe.
- Deus está distante e não interfere com nossa vida diária.
- Você cria seu próprio destino – Deus assiste a tudo de longe.
- Deus não se preocupa comigo.
- O que fiz é terrível demais para que Deus possa me amar.
- Deus espera que eu peque para poder me punir.
- Deus deixa coisas ruins acontecerem.
- O amor de Deus é condicional; baseia-se no quão bom somos e em como seguimos os mandamentos Dele.

- Preciso ser perfeito para agradar a Deus.
- Preciso ser altruísta – e jamais pensar em mim mesmo e nas minhas necessidades – para agradar a Deus.
- Deus ajuda aqueles que se ajudam.
- Deus já escolheu aqueles que vão para o céu com Ele, e não podemos fazer nada para mudar isso.
- Se boas coisas nos acontecem é porque Deus está feliz conosco; se coisas ruins acontecem é porque Deus está zangado conosco.
- Deus tem seus favoritos.

Da mesma forma que as experiências negativas da infância podem incutir em nós crenças principais destrutivas, infâncias positivas em um lar onde Deus é honrado podem produzir em nós crenças principais que vão ao encontro do que dizem as Escrituras e ajudar-nos a viver uma vida feliz e satisfatória que agrada a Deus. Na verdade, para cada uma das crenças destrutivas descritas acima, existe um comentário bíblico contradizendo-a. Seguem exemplos de trechos bíblicos que contradizem as crenças principais negativas.

Crenças destrutivas: Sou inferior aos outros.

Comentário bíblico oposto: Deus me fez exatamente como eu deveria ser. Aos olhos Dele tenho o mesmo valor que os outros.

> Assim como cada um de nós tem um corpo com muitos membros, e esses membros não têm a mesma função, assim em Cristo nós somos muitos formando um só corpo, e cada membro pertence a todos os outros.
> (Romanos 12:4-5)

> Pois todos nos fomos batizados por um único Espírito Santo em um só corpo – quer judeus, quer gregos, quer escravo ou livre – e a todos nós foi dado um Espírito para beber. [...] de modo que não deve haver nenhuma divisão no corpo, mas que suas partes devem ter igual preocupação uma para com a outra.
> (1 Coríntios 12:13, 25)

Deus dispôs as partes do corpo, cada uma delas, exatamente, como Ele desejava que fossem.
(1 Coríntios 12:18)

Crenças destrutivas: Não sirvo para nada, sou inútil.

Comentário bíblico oposto: Deus dá um valor imensurável a mim.

Porque a vida é mais do que o alimento e o corpo mais do que o vestuário. Olhe para os corvos. Eles não plantam ou colhem ou armazenam alimentos em celeiros, ainda assim Deus os alimenta. E você é muito mais valioso para Ele do que as aves!
(Lucas 12:23-24)

Deus amou tanto o mundo que enviou seu único filho para que quem quer que acredite Nele não pereça e viva a vida eterna.
(João 3:16)

Porque Deus nos escolheu antes da criação do mundo para sermos santos e irrepreensíveis diante Dele. No amor, Ele nos predestinou a sermos adotados como seus filhos, por intermédio de Jesus Cristo, de acordo com o seu prazer e vontade.
(Efésios 1:4-5)

Crenças destrutivas: A intimidade é dolorosa (ou perigosa), portanto nada de se aproximar demais das pessoas.

Comentário bíblico oposto: Somos feitos para ter um relacionamento íntimo com Cristo e com os outros.

O Senhor Deus disse: Não é bom que o homem fique sozinho. Vou lhe dar uma companheira para ajudá-lo.
(Gênesis 2:18)

Aquele que encontrou uma companheira recebeu um favor de Deus.

(Provérbios 18:22)

Um novo mandamento vos dou: que ameis uns aos outros. Como vos amei, vós também ameis uns aos outros. Por isso todos saberão que sois meus discípulos.

(João 13:34-35)

Porque o espírito Dele se une ao nosso espírito para confirmar que somos filhos de Deus.

(Romanos 8:16)

Crenças destrutivas: Não se deve confiar em ninguém. Mais cedo ou mais tarde as pessoas sempre nos abandonam.

Comentário bíblico oposto: Posso confiar em Deus. Ele cuida de mim e eu sempre estarei com ele. Ainda que as pessoas sejam imperfeitas, existem muitas em que se pode confiar. Só é preciso aprender como identificá-las.

Ainda que eu andasse pelo vale da sombra da morte, eu não temeria mal algum, porque Deus está comigo, o seu cajado e sua vara me sustentam e protegem.

(Salmos 73:23-24)

Tu te aproximastes quando eu clamei, e dissestes: "Não tenhais medo!"

(Lamentações 3:57)

Crenças destrutivas: Deus não se preocupa comigo.

Comentário bíblico oposto: Sou precioso aos olhos de Deus e fui criado com um propósito.

Deus demonstra seu amor por nós quando diz que ainda que sejamos todos pecadores, Cristo morreu por nós.

(Romanos 5:8)

Estou convencido de que nem a morte nem a vida, nem anjos nem demônios, nem o presente nem o futuro, nem qualquer poder, das alturas ou das profundezas, nem qualquer coisa em toda a criação, será capaz de nos separar de Deus que está em Jesus Cristo Nosso Senhor.
(Romanos 8:38-39)

Por causa de seu grande amor por nós, Deus, que é prodigioso em misericórdia, fez-nos renascer em Cristo mesmo depois de termos morrido em nossas transgressões – foi pela graça Dele que fomos salvos. E Deus nos ressuscitou em Cristo e nos colocou ao lado de seu trono nos céus, em Jesus Cristo, para que num futuro próximo Ele possa nos mostrar as incomparáveis riquezas de Sua graça, expressa em sua bondade e amor para conosco por meio de Jesus Cristo. Porque por Sua graça fomos salvos, por meio da fé – e isso não vem de nós mesmos, é um dom [dado por] Deus – não por meio de obras, para que ninguém possa se vangloriar. Pois nós somos obra de Deus, criados em Jesus Cristo para fazer bons trabalhos.
(Efésios 2:4-10)

Como crescemos num mundo em que o pecado domina, nossas crenças principais são uma mistura de crenças destrutivas e crenças bíblicas positivas. Uma vez que são as crenças destrutivas que nos causam problemas, este capítulo procura focalizar nelas. Sempre que você identificar uma crença principal destrutiva – uma mentira que Satã implantou [em sua mente e seu coração] –, existirão diversas coisas que poderá fazer para substituí-la por uma crença bíblica positiva que se alinhe às perspectivas de Deus para você e para o mundo.

- Crie uma afirmação simples que reflita a verdade bíblica que você pode usar para substituir as crenças destrutivas. Escreva isso num cartão para o qual poderá olhar com frequência. Você pode se basear nos exemplos dados nas listas de crenças bíblicas.

- Identifique dois ou três versículos bíblicos que sejam significativos para você e que poderá usar para combater as crenças destrutivas. Se ainda não estiver familiarizado com a *Bíblia*, peça ajuda a seu pastor ou a algum membro de sua igreja em quem confie e que conheça bem a *Bíblia*. Escreva os versículos em um cartão e coloque-o onde possa vê-lo regularmente até interiorizar o que escreveu. Use os exemplos anteriores como modelo. Tenha em mente que existem muitos outros versículos que poderiam ter sido usados. O segredo aqui é selecionar versículos que tratem do problema que você está enfrentando e que falem direto ao seu coração.

- Toda vez que você notar que seus pensamentos, ações ou emoções estão sendo direcionados por suas crenças principais destrutivas, recorde-se da afirmação de verdade que você criou e do versículo que memorizou.

- Todos os dias, peça a Deus que o ajude a eliminar essas mentiras de sua vida e a substituí-las pela verdade Dele. Continue a fazer isso até sentir que está vivendo a verdade e não mais a mentira que você identificou.

- Durante seus momentos regulares de oração, reflita sobre as crenças destrutivas e a mentira que você identificou e que estão destruindo sua vida. Você está conseguindo, de fato, mudar essa situação? Se não, suplique a Deus que o ajude a discernir o que precisa fazer para conquistar a vitória nessa área em particular. E se você, efetivamente, conseguiu mudar a situação inicial, louve a Deus e dê-Lhe graças por tê-lo amparado e ajudado nessa luta.

- Peça a alguém em quem confia e que seja fiel a Cristo para ser seu conselheiro em Cristo. Ter alguém em quem confiar o ajudará a regular suas forças e fraquezas e facilitará a mudança. Certifique-se de pedir a essa pessoa que ore para você. Como Tiago disse: Confessem seus pecados uns aos outros e orem uns pelos outros para que possam ser curados. A prece de um homem de bem é poderosa e efetiva. (Tiago 5:16).

A NECESSIDADE DE AUTOAVALIAÇÃO

Mencionamos anteriormente neste capítulo que as crenças enraizadas dentro de nós podem contradizer as crenças que dizemos sentir.

Infelizmente, as pessoas com frequência não têm consciência dessa diferença. Essa é uma das razões pelas quais tanto o *Velho* quanto o *Novo Testamento* ressaltam o valor de tirar algum tempo para olhar para o seu comportamento e decidir se ele é consistente com o que dizem as Escrituras. Veja alguns exemplos a seguir.

> Em sua ira, não pequeis; quando estiver em seu leito, vasculhe seu coração e permaneça em silêncio.
> (Salmo 4:4)

> Eu contemplei meu caminho e voltei meus passos em direção a Seus estatutos.
> (Salmo 119:59)

> Examinemos nossos caminhos e testemo-los.
> (Lamentações 3:40)

> Assim diz o Senhor dos Exércitos: "Considerai os vossos caminhos".
> (Ageu 1:5)

> Examine-se, pois, o homem a si mesmo, e assim coma do pão e beba do cálice.
> (1 Coríntios 11:28)

> Examinem-se para ver se vocês estão na fé; provem-se a si mesmos. Não percebem que Cristo Jesus está em vocês? A não ser que tenham sido reprovados no teste.
> (2 Coríntios 13:5)

> Cada um deve testar suas próprias ações. Então devem ter orgulho de si mesmos, sem se comparar aos outros.
> (Gálatas 6:4)

Diversos fatores podem dificultar o trabalho de olhar para si mesmo honestamente. Pessoas com autoimagem negativa, com frequência, evitam autoavaliação porque elas são consumidas pela vergonha de seu passado e temem que essa vergonha possa aumentar como resultado de uma autoavaliação honesta. Por outro lado, pessoas muito orgulhosas também costumam evitar uma autoavaliação porque isso pode torná-las conscientes de fraquezas e/ou dificuldades que não desejam encarar. Algumas vezes, as pessoas evitam autoavaliações em razão da grande dor emocional associada às suas áreas de fraquezas e/ou deficiências.

A despeito das dificuldades, uma autoavaliação honesta é essencial para quem deseja se tornar a pessoa que Deus quer que sejamos. A boa notícia é que você não precisa fazer isso sozinho. Convide Deus para fazer parte do processo e confie Nele para revelar coisas a você no compasso que a força e a sabedoria lhe permitam superar o que vier a descobrir.

Uma das melhores ocasiões para se fazer uma autoavaliação é durante sua prece diária. Se você costuma fazer sua prece pela manhã, reserve alguns minutos para examinar seus pensamentos e comportamentos do dia anterior. Se fizer sua oração à noite, examine o dia que está terminando. Identifique os pensamentos e comportamentos que estejam em conflito com os ensinamentos de Cristo. À medida que fizer isso, peça a Deus que abra os seus olhos e ajude-o a ver o que precisa para mudar e para curar todas as áreas que foram feridas no passado e que precisam ser curadas.

► **ATIVIDADES RECOMENDADAS**

FAÇA UM INVENTÁRIO DE SUAS CRENÇAS

Reveja a lista de crenças negativas e marque aquelas que refletem as ideias ou pensamentos e sentimentos que já sentiu a respeito de si mesmo e das circunstâncias que vivenciou.

Peça a Deus que o ajude a discernir o que você necessita saber para crescer espiritualmente e se tornar uma pessoa melhor como Ele deseja que você seja. Então responda às questões seguintes. Enquanto as responde, tenha em mente que o objetivo é estimulá-lo a pensar. Sinta-se à vontade para ir além delas e para explorar qualquer outra crença que esteja associada a essas áreas.

Crenças a respeito de si mesmo

- Quais são minhas forças?
- Quais são minhas fraquezas?
- Como eu descreveria minha personalidade?
- Como Deus me vê, tanto [no que concerne às] minhas forças quanto às áreas em que preciso amadurecer e crescer?
- Quando fico mais vulnerável ao pecado? Quais de minhas ações e pensamentos desagradam a Deus?

Crenças a respeito da natureza dos relacionamentos

- Qual é a importância dos meus relacionamentos? Por quê?
- Como devo interagir com meus colegas de trabalho, amigos, familiares e parceiro(a)?
- Como devo lidar com o conflito?
- Como minha amizade deve parecer?
- O que devo manter só para mim?
- Qual parte de mim é apropriado partilhar com os outros?
- Será que me permito ser íntimo dos outros? Por que faço isso ou por que não faço?
- Como deve ser um relacionamento verdadeiramente íntimo? Como as pessoas interagem?
- Como eu me comporto, penso e respondo emocionalmente quando sou íntimo de alguém?
- Que qualidades são necessárias para a intimidade? Quais dessas qualidades eu tenho e quais eu preciso desenvolver?

Crenças sobre o mundo

- Quão seguro ou perigoso é o mundo?
- Quanto controle eu tenho sobre a vida diária?

- O quão bem equipado eu estou para administrar situações de adversidade, como a morte de alguém próximo de mim, um sério problema financeiro ou uma doença grave?

Crenças sobre a natureza de Deus

- Deus existe?
- Como sei disso?
- Como Ele é? Quais são as características Dele e Sua natureza?
- Confio Nele? Quanto?
- A *Bíblia* diz que Deus é justo e benevolente. Como vejo esses atributos se manifestarem, de fato, no mundo? E em minha vida?
- O quão próximo eu sinto que Deus está de minha vida?
- Como deveria ser o meu relacionamento com Deus?

FAÇA UMA LISTA DOS COMPORTAMENTOS E REAÇÕES EMOCIONAIS QUE CONTRARIAM AS ESCRITURAS

Tão logo tiver concluído a atividade anterior, reserve algum tempo para examinar suas ações e reações emocionais. Pense a respeito das inúmeras experiências, boas e ruins, que teve nos últimos dias. O que você fez? Como reagiu emocionalmente? O que suas ações e reações emocionais revelam sobre suas crenças? Liste aquelas que não estiverem de acordo com o que pregam as Escrituras. Seguem três exemplos do que as pessoas escreveram ao fazer este exercício.

Quando interajo com as pessoas, com frequência, ajo como se achasse que não tenho nenhum valor ou que sou inferior a elas. Também escrevi que devo tentar ser mais firme quando as pessoas discordam de mim. O que percebo é que ajo como se visse os conflitos como perigosos e por isso devo evitá-los a todo custo.

Gosto de pensar em mim mesmo como alguém que tem compaixão. Recordo-me de muitas situações em que agi dessa maneira. No entanto, também percebi que gosto de apontar as fraquezas dos outros. Ainda que faça isso em tom bem-humorado, que leva os outros a rir, algumas vezes isso deixa a pessoa magoada. Acho que meu comportamento e reação emocional estão dizendo que eu penso que sou melhor que os outros. Apontar os defeitos deles faz com que eu me sinta superior.

Quero muito acreditar em Deus. No entanto noto que me preocupo demais. Apenas raramente minhas preocupações provam ser justificadas. Acho que estou percebendo que não confio, de fato, que Deus esteja no controle das coisas e olhando por mim. Pareço agir e sentir como se o mundo fosse um lugar perigoso e selvagem que pode me destruir a qualquer momento.

MUDANDO CRENÇAS PRINCIPAIS DESTRUTIVAS

Assim que tiver completado a atividade anterior, faça uma lista das crenças destrutivas que você identificou e que gostaria de mudar. Abaixo estão as crenças destrutivas que as pessoas dos exemplos citados acima identificaram em suas vidas:

Não tenho valor; conflito é perigoso.

Preciso ser o número um e melhor do que os outros.

O mundo é perigoso, e Deus adormeceu no volante.

Uma vez que tiver identificado as crenças que deseja mudar, siga as orientações que foram detalhadas neste capítulo e que estão resumidas abaixo.

- Crie uma afirmação simples que reflita a verdade bíblica.
- Identifique dois ou três versículos bíblicos que sejam significativos para você e que possa usar para combater as crenças destrutivas.

- Lembre-se da afirmação que criou e dos versículos que memorizou toda vez que sentir que seus pensamentos, ações ou emoções estão sendo influenciados pelas crenças destrutivas.
- Peça a Deus, todos os dias, que o ajude a eliminar essa mentira de sua vida e para substituí-la pela verdade Dele.
- Reflita sobre o seu progresso e suas recaídas aos velhos comportamentos durante seu horário habitual de oração.
- Encontre um parceiro confiável para ajudá-lo neste processo e peça a ele para orar regularmente por você com relação a este assunto.

FIQUE CENTRADO NO AMOR DE DEUS

Culpa é o que se sente quando se faz algo errado. Vergonha é o que se sente quando se acredita ser ruim ou inaceitável de alguma maneira, ou por causa de algo que se tenha feito ou por causa de alguma coisa que tenha sido feita a você. [O apóstolo] Paulo diz que "a tristeza segundo Deus produz um arrependimento que leva à salvação e não remorso, mas a tristeza segundo o mundo produz à morte" (2 Coríntios 7:10). O pesar divino é o que você sente quando peca – quando age contrariamente aos planos de Deus para a sua vida, que tanto o magoa quanto o afasta de Deus. Com o pecado verdadeiro, você o confessa, faz suas penitências e os sentimentos de culpa e vergonha desaparecem. Algumas pessoas, no entanto, experimentam vergonha e culpa enormes, que parecem nunca acabar. Esse tipo de pesar e tristeza do mundo é uma das ferramentas mais efetivas de Satã para fazer uma pessoa se sentir miserável e para mantê-la afastada do poder de Deus.

Você pode estar lutando com sentimentos de culpa ou de vergonha ou com a crença de que é inútil e indigno de ser amado. Se for assim, é essencial que pare e tire algum tempo para entender e conectar-se com o perdão e o amor que fazem parte de nosso relacionamento com Deus. Com frequência, essa é uma tarefa muito assustadora para se fazer sozinho. Procure um pastor, um conselheiro cristão ou um amigo em quem confie e que seja maduro em Cristo para ajudá-lo.

Abaixo estão diversos passos adicionais que pode tomar para começar a se libertar de sua falsa culpa e vergonha geradas pelo pesar mundano.

Entenda o que a *Bíblia* diz sobre o perdão e o amor de Deus

- Leia Romanos 8:1-39.
- Memorize Romanos 8:1 e João 3:16-17.
- Discuta essas passagens com um amigo cristão.

Ore para ser libertado da vergonha e da culpa

- Lembre-se de que "nossa luta não é contra a carne e o sangue e, sim, contra os principados e potestades, contra os dominadores deste mundo tenebroso, contra as forças do mal, nas regiões celestes" (Efésios 6:12).
- Peça aos outros para orar por você.
- Eis um exemplo de como orar: "Meu Pai e meu Deus, liberte-me da falsa vergonha e da falsa culpa que têm me mantido prisioneiro por tanto tempo. Ajude-me a usufruir Seu verdadeiro amor incondicional, Seu perdão e a afirmação disso no âmago do meu ser. Quando eu pecar, ajude-me a ver o que aconteceu exatamente pelo que é, como fraqueza humana comum a todas as pessoas. Então ajude-me a receber o Seu perdão por isso e, se possível, corrija as coisas para as pessoas [para com as quais errei]. Ajude-me a ser confiante em que isso é tudo que o Senhor exige. Ajude-me a conhecer as profundezas de meu ser, porque não há condenação para aqueles que estão em Jesus Cristo, porque por Ele as leis do Espírito da Vida me libertaram do pecado e da morte. Preencha-me com seu Espírito Santo e me dê o poder de ver tanto a mim mesmo quanto ao mundo à minha volta como o Senhor os vê. Obrigado, Pai, por ouvir e responder às minhas preces. Em nome precioso de Jesus, amém."

Desafie a tristeza do mundo

- Quando você sente culpa ou vergonha, identifique se isso se deve ao pecado real que acabou de cometer ou se tem algo a ver com o seu passado.

- Se sua culpa ou vergonha se dever a um pecado real, peça às forças de Deus pelo perdão e decida o que você pode fazer para corrigir seu erro. Segue um modelo simples de como abordar alguém quando você comete um erro:

- Admita: "Sinto muito pelo que fiz".

- Peça perdão: "Por favor, me perdoe."

- Ofereça-se para corrigir o erro: "Se houver algo que eu possa fazer para corrigir isso..." (Se você souber que existe algo, pergunte diretamente: "Posso...")

- Se sua culpa ou vergonha se deve a algo em seu passado, lembre-se dos versículos que memorizou e peça a Deus para ajudá-lo a conhecer e sentir a verdade.

CAPÍTULO 7

A JANELA
DA ALMA

O *Evangelho* descreve como um homem se aproximou de Jesus e perguntou: "O que devo fazer para herdar a vida eterna?" (Marcos 10:17; Lucas 18:18). Depois que o homem afirmou que seguia todos os mandamentos desde que era garoto, "Jesus olhou para ele com amor e disse: 'Você se esqueceu de uma coisa. Vá, venda tudo o que tem e dê [o dinheiro] aos pobres, então terá um tesouro no céu. Depois, venha e siga-me'." E ao ouvir isso o homem ficou boquiaberto e se afastou com pesar, pois ele era dono de uma imensa fortuna.

Essa história não trata da necessidade de se tornar pobre para ser Cristão, mas sobre determinar o que é mais importante para alguém. Jesus olhou na alma daquele homem e o desafiou em uma questão. A reação emocional dele revelou que sua verdadeira prioridade era mais poderosa do que as palavras poderiam expressar. Da mesma forma, suas reações emocionais aos acontecimentos do dia a dia revelam o que é mais importante para você e no que você acredita, de fato, no fundo de sua alma. Você só precisa prestar atenção.

Neste capítulo, começamos a explorar o lado espiritual de nossas emoções como uma janela da alma. Mas primeiro eu gostaria de explorar um assunto que é desconfortável para muitos de nós: nosso conhecimento limitado de Deus e do reino espiritual.

SINTA-SE CONFORTÁVEL EM NÃO SABER

Existem muitos aspectos da realidade sobre os quais a *Bíblia* ou é silenciosa ou é muito vaga. Por exemplo, [o livro do] *Gênesis* começa com a afirmação "No começo Deus criou o céu e a terra" (Gênesis 1:1). Ele não nos diz nada sobre o que estava acontecendo antes ou por que Deus escolheu agir assim e como o fez. O trecho simplesmente afirma que Deus é o Criador de tudo o que vemos.

De maneira similar, a *Bíblia* descreve vários aspectos do reino espiritual, mas com frequência omite muitos detalhes. Por exemplo, sabemos que existem anjos, demônios e espíritos que se opõem a Deus procurando frustrar os planos Dele e levar o povo do Senhor a se rebelar. Muitos nomes diferentes são usados para esses seres, como Satã, demônio e Lúcifer. Sabemos também que Satã será derrotado, mas não sabemos exatamente quando. Sabemos ainda que, quando estamos em Cristo, tornamo-nos parte dos planos de Deus para derrotar Satã e restaurar a Criação ao que ela deveria ter sido, mas não temos todos os detalhes de como Deus nos usa. Apesar do fato de que gostaríamos de descobrir mais, a *Bíblia* nos dá a oportunidade de vislumbrar muitas partes do reino espiritual para nos alertar sobre os perigos e as bênçãos contidos nele.

O foco principal da *Bíblia* é o aqui e o agora. Muito se fala sobre como podemos ter um profundo relacionamento com Deus e de como devemos tratar uns aos outros. Existe também uma riqueza de detalhes sobre como podemos usufruir as bênçãos e viver uma vida verdadeiramente abençoada e digna. O problema é que, como Adão e Eva, queremos ser iguais a Deus e saber tudo o que Ele sabe. Ademais, queremos estar no controle de nossas vidas e de todas as situações com que deparamos.

A certa altura, precisamos aceitar que uma pessoa fisicamente limitada não consegue entender um oponente ilimitado. Deus existe além do tempo, do espaço e de tudo o que concebemos. Também precisamos aceitar que existem muitos aspectos de nossas vidas que não podemos controlar, e confiar que Deus tem um plano para nós é muito melhor do que qualquer outra coisa que possamos inventar. Essa é a essência do que significa "vivemos pela fé, não pelo que podemos ver" (2 Coríntios 5:7).

Uma maneira de compreender o que significa viver pela fé é observar o relacionamento de uma criança pequena e seus pais amorosos.

Como a criança tem experiência e conhecimento limitados, existem muitas ocasiões em que ela quer fazer coisas que lhe seriam prejudiciais. E, uma vez que os pais têm experiência e conhecimento que lhes permitem ver todo o contexto da situação, eles compreendem o que é bom e o que é ruim para a criança [e a conduzem na direção certa]. Infelizmente, a imaturidade da criança a impede de aceitar o que os pais estão tentando ensinar e dizer a ela. A criança sábia simplesmente confia em que os pais sabem o que é melhor. Essa é a essência da fé: acreditar que Deus quer o melhor para nós e sabe muito mais do que nós o que deveríamos fazer e não fazer para conseguir isso.

Em geral, não somos crianças sábias no que diz respeito à vontade do Pai. Em vez de confiar que Ele sabe o que é melhor para nós, mesmo antes de pedirmos (Mateus 6:8), reclamamos e resistimos ao Seu comando. Um dos aspectos mais difíceis da fé é aceitar o quão verdadeiramente incompetente somos para administrar nossa vida. Essa tendência a gerir nossa vida de forma inadequada quando somos deixados por nossa conta deve-se a duas coisas: nossa natureza pecadora e o fato de que nosso conhecimento sempre será incompleto e limitado – simplesmente não temos a capacidade de entender o mundo físico e o reino espiritual em que vivemos como Deus compreende.

É por isso que a *Bíblia* nós oferece apenas uma visão limitada do reino espiritual. Quando um conceito é difícil demais para a criança compreender, e pode ser danoso para ela, pais sábios oferecem uma explicação simples sobre o assunto. Da mesma forma, Deus, por meio da *Bíblia*, dá-nos as informações que precisamos saber, bem como todas as orientações de que necessitamos para viver a vida que Ele concebeu para nós.

O QUE SIGNIFICA "ESPIRITUAL"?

Antes que possamos explorar adequadamente o lado espiritual das emoções, precisamos definir o que queremos dizer quando usamos a palavra "espiritual". Em psicologia e filosofia o termo "espiritual", com frequência, refere-se ao que chamamos crenças existenciais. Isso inclui as várias crenças que temos sobre o sentido da existência: Qual é o propósito da vida?; Como alcançar a felicidade? e assim por diante. Esses tipos de questões espirituais são parte de seu sistema de crenças e também são parte do aspecto mental das emoções, como discutido nos Capítulos 5 e 6. Nesses capítulos, salientamos que suas crenças sobre a natureza do mundo e o significado da vida exercem um papel-chave em como interpretamos os acontecimentos, o que, por sua vez, afeta as várias reações emocionais que temos.

De uma perspectiva bíblica, no entanto, a natureza espiritual de uma pessoa significa algo totalmente diferente do que significa sob uma perspectiva psicológica ou filosófica. Quando a *Bíblia* fala de nosso lado espiritual, está se referindo a uma parte real, mas imaterial de nós. As duas palavras mais usadas para descrever o aspecto espiritual de nosso ser são "alma" e "espírito". Infelizmente, essas palavras são usadas de maneira tão diferente que a exata natureza de seu espírito e alma permanece um mistério.

SUA ALMA E ESPÍRITO

No *Velho Testamento*, a palavra hebraica *nephesh* é usualmente traduzida como "alma". A palavra correspondente em grego, no *Novo Testamento*, é *psuche*. O significado mais básico dessas palavras é simplesmente "vida".

> Mas se houver um dano grave, então darás vida por vida [do hebraico: *nephesh*].
> (Êxodo 21:23)

> Ninguém tem maior amor do que aquele que dá a sua vida [do grego: *psuche*] pelos outro.
> (João 15:13)

Além de ser usada como sinônimo de vida, a alma é descrita como fonte ou centro de muitas experiências espirituais e emocionais, e também como o lado imaterial dos seres humanos. Eis alguns exemplos disso.

> Por que estás abatida, ó minha alma? E por que te perturbas dentro de mim?
> (Salmo 43:5)

> Minha alma certamente se lembra e se abate dentro de mim.
> (Lamentações 3:20)

E a minha alma se alegrará no Senhor; exultará na sua salvação.
(Salmo 35:9)

Mas o meu justo viverá pela fé e, se ele recuar, a minha alma [a alma de Deus] não tem prazer nele.
(Hebreus 10:38)

Então lhes disse [Jesus]: A minha alma está profundamente triste...
(Mateus 26:38)

Agora minha alma está perturbada, e que direi eu...?
(João 12:27)

Obedeça-lhes não só para ganhar seu favor quando seus olhos estão em você, mas como servos de Cristo, fazendo a vontade de Deus do seu coração [do grego: de sua alma].
(Efésios 6:6)

Tentativas de definir o que a *Bíblia* quer dizer com "espírito" geram o mesmo tipo de confusão que aquelas para definir o que ela quer dizer com "alma". No *Velho Testamento* a palavra hebraica *ruach* é usada para espírito. No *Novo Testamento* é usada a palavra grega *pneuma*. Novamente, os dois vocábulos são utilizados numa ampla gama de situações. Ainda que os dois sejam utilizados, em geral, para falar da parte imaterial do homem, também são usados em diversos outros contextos. Eis alguns exemplos.

Sua traseira tem escamas fechadas como com selo apertado. Cada uma delas é tão próxima da outra que nem o ar [do hebraico: *ruach*] passa entre elas.
(Jô 41:15-16)

[Deus] forma o espírito do homem dentro Dele...
(Zacarias 12:1)

E o pó volte para a terra como o era, e o espírito volte a Deus que o deu...
(Eclesiastes 12:7)

> O vento sopra onde quer, e ouves a sua voz; mas não sabes donde vem, nem para onde vai; assim é todo aquele que é nascido do Espírito [do grego; *pneuma*].
>
> (João 3:8)

> Voltou-lhe o espírito, ela imediatamente se levantou, e ele mandou que lhe dessem de comer.
>
> (Lucas 8:55)

Para confundir ainda mais as coisas, as palavras "alma" e "espírito" algumas vezes são usadas em paralelo na poesia hebraica e, assim, são aplicadas como sinônimos. Seguem dois exemplos, um do *Velho Testamento*, outro do *Novo Testamento*.

> Minha alma vos deseja durante a noite e meu espírito vos procura desde a manhã.
>
> (Isaías 26:9)

> Disse Maria: A minha alma engrandece ao Senhor, e o meu espírito se alegra em Deus, meu Salvador
>
> (Lucas 1:46-47)

Uma vez que [as palavras] espírito e alma são usado[as] de maneira tão diversas e até sobrepostas, os teólogos e demais estudiosos da *Bíblia* não conseguem chegar a um acordo sobre a natureza exata de cada uma dessas palavras. No entanto, a maioria adota um desses dois pontos de vistas gerais: o ponto de vista bidimensional ou o tridimensional. É importante enfatizar que as duas perspectivas veem essas partes como aspectos diferentes de uma única unidade.

O primeiro ponto de vista vê os homens como tendo duas partes básicas: material e imaterial, físico e não físico. O conhecido teólogo Karl Barth afirma que uma pessoa é "uma alma corporificada, e também é um corpo espiritualizado". Sob essa perspectiva, uma pessoa não pode existir apenas como um corpo ou como um espírito sem corpo, exceto em estados transitórios temporários. Outra maneira de dizer isso é "você é uma alma que tem tanto um corpo quanto um espírito".

O segundo ponto de vista vê os homens como tendo três partes básicas: corpo, alma e espírito. Dessa perspectiva, cada um tem uma função diferente: o corpo, a consciência mundana; a alma, autoconsciência; o espírito, a consciência divina. Existem dois versículos que apoiam essa perspectiva:

> E o próprio Deus de paz vos santifique completamente; e o vosso espírito, alma e corpo sejam plenamente conservados irrepreensíveis para a vinda de nosso Senhor Jesus Cristo.
> (1 Tessalonicenses 5:23)

> Porque a palavra de Deus é viva e eficaz, e mais cortante que qualquer espada de dois gumes, e penetra até a divisão de alma e de espírito, e juntas e medulas, e é apta para discernir os pensamentos e intenções do coração.
> (Hebreus 4:12)

À luz dessa incerteza da falta de consenso entre as principais correntes de pessoas de fé que dedicaram sua vida a estudar as Escrituras, a seguinte perspectiva é usada neste livro: *Seu espírito é o aspecto da sua parte imaterial que interage com a dimensão espiritual da criação.* Também é a parte de você que é regenerada quando você aceita Cristo e que se torna unida no Santo Espírito. É a isso a que Paulo se refere quando ele diz: "Aquele que une a si mesmo ao Senhor é uno com Ele no espírito" (1 Coríntios 6:17). Aqui a palavra Senhor refere-se ao Espírito Santo. Assim, Paulo está dizendo que a união com o Senhor é uma união do espírito humano com o espírito Dele. Eis mais alguns versículos que refletem essa ideia.

> Jesus respondeu: Em verdade, em verdade vos digo que se alguém não nascer da água e do Espírito, não pode entrar no reino de Deus. O que é nascido da carne é carne, e o que é nascido do Espírito é espírito.
> (João 3:5-6)

> Como tu, ó Pai, és em mim, e eu em ti, que também eles sejam um em nós.
> (João 17:21)

> Se alguém está em Cristo, ele é uma nova criação, o velho se foi, o novo chegou.
>
> (2 Coríntios 5:16-17)
>
> Qualquer um que reconhecer que Jesus é o filho de Deus, Deus estará com ele e ele em Deus
>
> (1 João 4:15)

A fim de entender como a união de nosso espírito ao Espírito Santo afeta nossas emoções, primeiro precisamos dar uma rápida olhada no que significa estar separado do Espírito de Deus.

A SEPARAÇÃO DE DEUS

No primeiro capítulo do *Gênesis*, vemos que os homens deveriam ser a coroa da criação de Deus. Fomos feitos à Sua imagem e semelhança e recebemos o comando deste mundo. No segundo capítulo, vemos que deveríamos viver harmoniosamente com Deus e uns com os outros. No terceiro capítulo, vemos como esse relacionamento harmonioso foi destruído levando o pecado e a corrupção a entrar no mundo quando Adão e Eva tentaram "ser como Deus, conhecendo o Bem e o Mal" (Gênesis 3:5). Quando Adão e Eva fizeram sua escolha, seus espíritos se separaram do Espírito de Deus.

Essa separação de Deus, mais o desejo de nos tornarmos deuses ao viver a vida de acordo com nossas próprias regras em vez de seguir os ensinamentos de Deus, tem sido passada de geração em geração desde o princípio. Foi por isso que Jesus veio ao mundo e Se sacrificou por nós. Ao nos unirmos a Ele, podemos restaurar nosso relacionamento [ao que era antes do pecado original]. Isso, por sua vez, permite que o santo Espírito inicie um processo chamado santificação, no qual nosso caráter lentamente se torna cada vez mais parecido com o de Cristo – um processo que nunca se completa totalmente nesta vida.

Quando você está separado de Deus, você não tem acesso direto à sabedoria e ao poder Dele. Grande parte de suas emoções é gerada e controlada por sua mente e seu corpo como descrito nos capítulos anteriores. É por isso que Paulo diz: "Porque a carne luta contra o espírito e o espírito contra a carne, e esses se opõem um ao outro" (Gálatas 5:17). No entanto, a separação de Deus também significa que seu espírito se abre para aqueles reinos espirituais opostos ao reino de Deus, ou seja, para o reino do demônio e de suas legiões. Na verdade, ainda que a influência de Satã seja eventualmente eliminada, por enquanto ele tem sido descrito como "o deus de nossa era", que tem "blindado a mente daqueles que não creem" (2 Coríntios 4:4). Por alguma misteriosa razão, ele recebeu autoridade sobre o mundo neste período. Sabemos disso pois ele oferece o poder neste mundo a Jesus quando o tentou, dizendo: "Te darei todo esplendor e autoridade, pois isso tem sido dado a mim, e posso dá-los a quem desejar" (Lucas 4:6)

A boa notícia é que quando você se une a Cristo "aquele que está em ti é maior do que aquele que está no mundo" (1 João 4:4). Você agora tem acesso à sabedoria e ao poder muito além do que tinha quando caminhava "segundo a carne" (Romanos 8:4). Na realidade,

> o espírito sonda todas as coisas, até mesmo as coisas mais profundas, pois quem conhece os pensamentos do homem, a não ser o espírito do homem que nele está? Da mesma forma, ninguém conhece os pensamentos de Deus, a não ser o espírito de Deus. Nós, porém, não recebemos o espírito do mundo, mas o Espírito procedente de Deus, para que entendamos as coisas que Deus nos tem dado gratuitamente.
> (1 Coríntios 2:10-12)

Nos próximos capítulos, retomaremos a essa ideia e a como a chave para acessar a sabedoria e o poder é caminhar "segundo o Espírito" (Romanos 8:4).

COMO AS EMOÇÕES REVELAM SUA VERDADEIRA CONDIÇÃO ESPIRITUAL

Alguém já disse que nas adversidades revelamos nosso verdadeiro caráter. A adversidade também ajuda a revelar o verdadeiro caráter de nossa fé e a natureza de nosso relacionamento com Deus. É apenas quando passamos por períodos difíceis que vemos quem, de fato, somos e podemos conhecer muitos aspectos profundos do amor e do cuidado de Deus para conosco. As emoções exercem um papel fundamental nesse processo. Ao observar suas reações emocionais aos vários acontecimentos de sua vida, é possível ver o seu crescimento espiritual e também avaliar se existe [algum grau de] imaturidade.

Jerry e Kathy, o casal cuja história foi usada na abertura deste livro, são um bom exemplo de como as emoções revelam nosso caráter espiritual. Aqueles que conheciam Kathy e Jerry os consideravam cristãos maduros [em sua fé]. No entanto, a dificuldade que tiveram de enfrentar quando seus bebês morreram revelou algumas de suas crenças não bíblicas sobre Deus. A luta deles também mostrou áreas de suas vidas em que eles não tinham confiado plenamente em Deus.

Uma ideia contra a qual Jerry e Kathy tiveram de lutar foi a crença deles de que se formos, de fato, fiéis seremos abençoados. Esse é um engano muito comum, pois é como dizer "Sou fiel, então nunca terei momentos difíceis". Ainda que Deus nos abençoe abundantemente quando Lhe somos fiéis, não estamos isentos de problemas ou de sofrimento. Vivemos em um mundo conturbado onde até mesmo nossa constituição genética foi maculada pelo pecado. É por isso que Jesus disse: "Eu lhes disse essas coisas para que em mim vocês possam encontrar a paz. Neste mundo, vocês enfrentarão problemas. Mas tendes bons ânimos. Eu venci o mundo" (João 16:33). À medida que Jerry e Kathy trabalharam em Deus e aprenderam a lidar com sua dor, conseguiram entender como Deus nos abençoa de uma maneira nova e profunda a cada dia de nossas vidas.

Outra área em que eles tiveram dificuldade foi a do desejo que todos temos de dizer a Deus como conduzir nossas vidas em vezes de deixá-Lo assumir o controle e nos guiar sem interferências. Kathy e Jerry tinham em sua mente e seu coração a ideia de que seus bebês seriam saudáveis e perfeitos, que cresceriam para ser crianças felizes e se tornariam modelos de cristãos. Não há nada errado em querer isso. No entanto, o que eles viveram foi a agonia de ver seus filhos morrerem logo após o nascimento [uma das gêmeas já estava morta quando o médico a tirou do ventre da mãe]. Isso, definitivamente, não era o que eles planejavam e eles lutaram com a questão: "Como confiar em um Deus que permite que algo assim aconteça?"

Com o passar do tempo, eles aprenderam, através do sofrimento, que Deus não é o autor do Mal. Pelo contrário, Ele pode transformar o Mal, que resulta de nossas fraquezas e do fato de vivermos em um mundo conturbado que está sob a influência de Satã, em algo realmente bom para quem confia Nele. O ministério que Jerry e Kathy criaram trabalhando com pais que vivem a mesma dor que eles viveram é uma prova disso.

▸ ATIVIDADES RECOMENDADAS

REFLITA SOBRE O QUE SUAS EMOÇÕES REVELAM SOBRE O SEU CARÁTER ESPIRITUAL

- Nas seções Atividades Recomendadas dos capítulos anteriores você foi orientado a começar a anotar os exemplos de ocasiões em que sentiu fortes emoções e a fazer uma lista de seu comportamento e de suas reações emocionais que contrariam o que dizem as Escrituras. Use um ou dois desses exemplos que anotou. Se você não fez esses exercícios, reserve algum tempo esta semana para refletir sobre os dois ou três últimos dias. Identifique ocasiões em que estiver experimentando emoções negativas como ansiedade, medo, raiva, desapontamento ou depressão. Faça uma breve descrição de cada acontecimento e acrescente qualquer pensamento que teve ou outra emoção que sentiu.

Agora você está apto a ver o que Deus tem a ensinar a você. Comece por pedir a Deus que revele as áreas de sua vida que você precisa enxergar para solucionar esse problema e para aceitar o que Ele está lhe mostrando. Agora selecione a experiência que provocou a emoção mais forte de todas em você e responda às perguntas seguintes.

- Meu comportamento estragou algum relacionamento ou fez mal a mim ou a alguém mais? Caso a resposta seja sim, como isso aconteceu?
- Eu estava agindo ou pensando de uma forma que é contrária aos princípios ensinados na *Bíblia*? Caso a resposta seja sim, quais são esses princípios?
- O que meus pensamentos, emoções e ações revelam sobre minhas verdadeiras crenças?
- Qual foi a consideração mais importante para mim, então?
- Qual foi meu principal temor ou desejo naquele momento?
- Qual seria uma afirmação simples do pensamento ou regra que estava guiando meu comportamento naquela ocasião? (Veja exemplos no Capítulo 6).

- O que as reações emocionais que tive a esses acontecimentos revelam sobre meu caráter espiritual?
- Tive algum pensamento em relação a Deus naquela ocasião?
- Como vi Deus quando refleti sobre esses eventos – como um pai amoroso, um tirano ou alguma outra coisa?
- Eu estava confiando em Deus e me apoiando Nele ou apenas em minhas habilidades? Por quê?
- O que tudo isso diz sobre meu relacionamento com Deus?
- Quais são as lições que devo aprender dessa experiência?
- O que, especificamente, eu preciso pedir em uma oração para que eu aprenda essa lição?
- Que versículo ou passagem da *Bíblia* me ajudaria com essa lição?
- O que preciso fazer? (Seja específico quanto à ação, ao tempo e ao lugar.)

Certifique-se de escrever suas respostas e depois, quando estiver orando ou fazendo um momento de meditação, passe algum tempo revendo o que escreveu. Registre qualquer *insight* que lhe ocorrer durante seu momento de oração. Segue um exemplo escrito por Kim, uma moça calma e tímida que está lutando para aprender como se defender.

Descrição do evento

Na última quinta-feira eu estava almoçando com uma amiga. Eu queria uma salada de taco, mas minha amiga disse "Essa não é boa, peça a salada asiática". Senti um pouco de vergonha e falei rapidamente: "Ah, eu não sabia disso". E acabei pedindo a salada asiática, embora quisesse mesmo era comer a salada de taco. Mais tarde quando fiquei sozinha, senti-me muito zangada. Pensei: "Quem ela pensa que é para me dizer o que devo comer? Nunca mais quero vê-la".

Análise

Meu comportamento já prejudicou um relacionamento ou causou mal a mim mesmo ou a alguém mais? Se causou, como foi isso?

A única pessoa magoada fui eu mesma. Eu deveria ter dito:

"Não, já comi a salada de taco antes e gosto bastante do sabor". Fazer isso não causaria mal a ninguém e é a reação que qualquer adulto confiante teria. Quando não me imponho para conseguir o que desejo, sou eu quem acabo saindo magoada da situação, pois me sinto frustrada, irritada e ressentida. Isso prejudica os relacionamentos porque ergo uma barreira entre mim e a pessoa e não quero mais falar qualquer coisa com ela depois do que ocorreu.

Eu estava agindo ou pensando de uma maneira contrária aos princípios bíblicos? Se estava, quais eram essas ações e os princípios que elas contradiziam?

Eu estava cheia de amargura e ressentimento, além de ter pensamentos odiosos sobre minha amiga. Não é isso que Deus quer de nós. Tudo isso ocorreu porque eu não falei a "verdade no amor" como mencionado em Efésios 4:15. Ainda que minhas ações devam ser amorosas, elas também precisam ser honestas. Quando não falo a verdade porque ela pode fazer alguém não gostar de mim, estou, de fato, mentindo. E a *Bíblia* diz; "que seu 'SIM' seja 'SIM', e seu 'NÃO' seja 'NÃO'" (Mateus 5:37). Isso significa que preciso ser honesta quando falo. Sei que em vez de ficar sempre tentando agradar aos outros, eu deveria era estar me esforçando para agradar a Deus.

O que meus pensamentos, emoções e ações revelam sobre minhas verdadeiras crenças?

O que se torna mais evidente para mim nessa situação é que desejo tão desesperadamente a aprovação dos outros que faço qualquer coisa para evitar conflitos. Ajo como se acreditasse que devo sempre manter a paz e nunca fazer nada que possa aborrecer alguém.

O que minha reação emocional em relação a essa situação revela sobre o meu caráter emocional?

Sinto-me fraca e insignificante. Com frequência penso que quando Deus olha para mim Ele deve ficar muito desapontado. Eu às vezes penso que Deus deve achar que cometeu um grande erro quando me criou ou que, talvez, não exista como

Ele me amar . Meu lado racional sabe que isso não pode ser verdade, mas meu coração luta contra isso o tempo todo.

Minha tendência é ver Deus como vejo meus pais, que são muito duros e muito críticos. Algumas vezes, tenho medo Dele.

Qual é a lição que preciso aprender com essa experiência?
É a lição da qual já estou consciente há algum tempo. Preciso aprender a confiar em meu próprio julgamento e acreditar que Deus me fez do jeito exato que eu deveria ser. Preciso tomar atitudes baseando-me em meu julgamento e percepção em vez de sempre deixar os outros me dizerem o que devo fazer, parar de me preocupar tanto com o que os outros vão pensar e ser honesta quando falar. Posso fazer isso de uma maneira educada. Também preciso separar Deus dos meus pais e vê-lo como Ele realmente é.

O eu preciso pedir, especificamente, nas minhas orações a fim de aprender essa lição?
Acho que preciso de duas coisas. Primeiro preciso de confiança. Segundo preciso pedir a Deus que me ajude a compreender mais profundamente o quanto Ele me ama. A natureza fria e crítica de meus pais me fez pensar que havia algo errado comigo. Essa mentira minou meus sentimentos a vida toda. Deus não é como meus pais!

Que passagem ou versículos bíblicos podem me ajudar com essa questão?
Os versículos que me ajudam a lidar com a autoconfiança e que falam mais alto ao meu coração são:

Porque Deus não nos deu um espírito de timidez, mas um espírito de poder, amor e autodisciplina.

(2 Timóteo 1:7)

Que seu 'SIM' seja 'SIM', e seu 'NÃO' seja 'NÃO'".

(Mateus 5:37)

Tomai sobre vós o meu jugo, e aprendei de mim, que sou manso e humilde de coração; e encontrareis repouso para vossas almas. (Mateus 11:29).

Porque Deus amou o mundo de tal maneira que deu o seu Filho unigênito, para que todo aquele que Nele crer não pereça, mas tenha a vida eterna.
Pois Deus não enviou seu Filho ao mundo para que condenasse o mundo, mas para que o mundo fosse salvo por Ele.
(João 3:16-17)

O que preciso fazer?
Durante meus momentos de oração, preciso reservar um tempo para pensar sobre os versículos que escolhi e pedir a Deus que me dê a força e a sabedoria necessárias para que eu possa, todos os dias, dizer o que estou pensando de uma maneira honesta e respeitosa.

Quando falei sobre isso [com uma amiga], ela sugeriu que talvez eu pudesse me unir a um grupo de mulheres na igreja de maneira que possa vivenciar o verdadeiro amor cristão. Acho que isso ajudaria, mas sempre tive muito medo de fazê-lo. Preciso que Deus me dê forças para me unir a esse grupo e para frequentar as reuniões para que estabeleça alguns relacionamentos saudáveis e pratique [a capacidade divina de] expressar-me [honesta e educadamente].

CAPÍTULO 8

AS EMOÇÕES E A VONTADE DE DEUS PARA VOCÊ

Ao longo da História, as pessoas têm perguntado "Por que estou aqui?". Como discutido nos Capítulos 5 e 6, nossa resposta a essa pergunta torna-se a base de muitas crenças principais que conduzem nossos pensamentos, ações e emoções. Porém, embora exploremos as maneiras como as emoções nos ajudam, nossa compreensão sobre elas só será completa quando olharmos mais de perto para as questões que modelam a vida. Ao fazê-lo, vislumbramos um pouco da grandiosidade de Deus e de como Ele utiliza as emoções para nos encaixar em Seus planos.

POR QUE ENTENDER MEU PROPÓSITO É IMPORTANTE?

É impossível ter um completo entendimento de uma máquina ou ferramenta feita pelo homem, se não se entender o propósito para o qual ela foi feita. Uma vez que tiver entendido isso, as várias partes começam a se juntar e a fazer sentido, de uma forma muito diferente de simplesmente saber como algo foi feito e como suas partes se encaixam.

Para ilustrar esse fato, considere o exemplo de um martelo de garras [aqueles com uma das extremidades abertas para retirar pregos] encontrado por uma pessoa que nunca tenha visto ou ouvido falar de martelos e ou pregos. Seria fácil para essa pessoa ver como o martelo foi feito. É apenas um pedaço de madeira talhada complementado por um pedaço de metal com um estranho formato. Ainda que essa pessoa não saiba qual é o verdadeiro propósito de uso do martelo, ela pode encontrar muitas outras possibilidades de uso para ele: abrir nozes, bater nas coisas ou mesmo utilizá-lo como uma arma. No entanto, a verdadeira utilidade ou propósito para o qual ele foi criado – fixar e remover pregos – permanecerá um grande mistério.

Essa pessoa, decerto, ficará ainda mais confusa e perdida se tiver de compreender a utilidade daquela parte com "garras", usadas para remover pregos. Talvez seja decorativo ou algo com um significado ritualístico [ela pode cogitar]. Talvez ainda sirva para coçar as costas! É apenas quando se aprende a respeito de pregos e de como o martelo foi criado para fixá-los e removê-los que o mistério se esclarece. Da mesma forma, o propósito das emoções só pode ser claramente compreendido quando visto dentro do contexto de por que Deus nos criou.

A física olha para o universo com um sistema complexo de energia governado por um conjunto de leis que interagem aleatoriamente. Assim, toda criação, inclusive o homem, não tem um propósito específico [sob essa perspectiva]. Ela apenas aconteceu como resultado de acontecimentos randômicos. A biologia, por sua vez, refina mais esse conceito e vê os organismos sob a perspectiva da teoria da evolução e da seleção natural. Assim, [visto sob esse ângulo] como as espécies só sobrevivem quando se reproduzem, a função das emoções, como todas as outras funções, é ajudar as espécies a sobreviver, reproduzir-se e a se perpetuar. A psicologia vê isso da mesma maneira. Como discutido nos capítulos anteriores, a psicologia tem identificado diversas maneiras pelas quais as emoções nos ajudaram a sobreviver ao organizar informações baseadas em sua importância, alertando-nos sobre acontecimentos e fatos importantes em nosso meio ambiente e facilitando nossa comunicação.

A visão bíblica do universo, em contraste, é de que existe tanto um Criador como uma ordem e um plano maior que vão além das funções básicas identificadas pelas ciências. Uma das características básicas da visão bíblica do universo é definir claramente um propósito para nossas vidas. Quando os teólogos falam a respeito desse propósito, eles costumam fazê-lo encaixando-o no contexto do que se sabe sobre a vontade de Deus, que em geral é vista como tendo três diferentes aspectos: a vontade soberana de Deus; a vontade moral de Deus e a vontade individual de Deus.

OS TRÊS ASPECTOS DA VONTADE DE DEUS

A vontade soberana de Deus refere-se ao fato de que Deus é soberano e a vontade Dele nunca é frustrada. Isso também é chamado vontade decretada ou vontade eficaz, uma vez que Deus decreta o que acontece e a vontade Dele é sempre eficaz em conseguir o que deseja. Outro aspecto da vontade soberana de Deus é seu plano soberano ou vontade suprema. Isso se refere ao plano predeterminado Dele para a criação, concebido desde o princípio dos tempos.

Como discutido no Capítulo 7, o plano de Deus era ter pessoas, que seriam a coroa de Sua criação, vivendo em um relacionamento harmonioso com Ele, umas com as outras e com todos os outros [elementos] da criação. Esse obviamente não é o caso no mundo atual, por isso os teólogos falam da vontade permissiva de Deus em conjunto com a vontade soberana de Deus. Ou seja, Deus permite que tanto os homens quanto os anjos façam escolhas morais contrárias a Seu plano soberano. Ele permite ainda que essas escolhas, sejam elas boas ou ruins, tenham consequências. Como resultado, o plano soberano de Deus pode ser descrito como Sua vontade oculta, pois muitos detalhes de como Deus age para fazer com que Seu plano se realize não podem ser conhecidos por nós antes da hora.

Um segundo aspecto da vontade de Deus é Sua vontade moral. A vontade moral de Deus também é conhecida como sua vontade preceptiva uma vez que ela descreve os preceitos ou princípios sob os quais devemos viver. Essas são as coisas que agradam a Deus, como descritas nas leis e demonstradas na vida de Cristo. Considerando-se que esse aspecto da vontade de Deus também é um reflexo do Seu caráter ou disposição, a vontade moral de Deus também é chamada de vontade de disposição.

Finalmente, pode-se falar em vontade individual de Deus, também chamada de vontade específica de Deus ou vontade ideal. A vontade individual de Deus é aquela a que os cristãos se referem quando falam sobre a vontade de Deus. Esse é o aspecto mais incompreendido da vontade de Deus.

Muitos cristãos acreditam que Deus tem um plano de vida detalhado e único para cada pessoa. Pessoas com essa crença acreditam que é responsabilidade delas encontrar o lugar perfeito onde deveriam estar – em relação ao par ideal, trabalho certo, ministério adequado etc. – para se [alinhar à] e atender à vontade de Deus. Eles, com frequência, acreditam que se falharem em descobrir esses detalhes, perderão o que foi planejado para suas vidas. Seguem dois exemplos de trechos do *Velho Testamento* que dão suporte a essa crença.

> Confie no senhor de todo o seu coração e não te apoie no teu próprio entendimento. Reconhece-o em todos os teus caminhos, e ele endireitará as tuas veredas.
>
> (Provérbios 3:5-6)
>
> Instruir-te-ei e ensinar-te-ei o caminho que deves seguir; guiar-te-ei com os meus olhos.
>
> (Salmos 32:8)

Quando você olha para esses versículos no contexto, percebe que os "caminhos" não se referem a todos os aspectos de sua vida, mas ao curso geral dela, quando vivida de acordo com a vontade moral de Deus. O mesmo erro ocorre com versículos do *Novo Testamento* usados para sustentar essa visão.

> Portanto, vede diligentemente como andais, não como néscios, mas como sábios, usando bem cada oportunidade, porquanto os dias são maus.
> Por isso, não sejais insensatos, mas entendei qual é a vontade do Senhor para vocês.
>
> (Efésios 5:15-17)

De novo, quando lido no contexto, a frase "entendei qual é a vontade do Senhor" refere-se à vontade moral, o bom caminho no qual deve seguir e viver, não a detalhes específicos.

A verdade a respeito da vontade individual de Deus não é nenhum segredo que você precisará desvendar. Deus não Se esconde de você. Na realidade, a *Bíblia* é muito clara sobre sermos capazes de conhecer a vontade de Deus. Paulo adverte-nos: "não sejais insensato, mas entendei a vontade do Senhor" (Efésios 5:17). Em outra passagem, ao discutir nossa necessidade de agir segundo a vontade moral de Deus, ele afirma categoricamente que "você será capaz de testar e aprovar qual é a vontade de Deus" (Romanos 12:2). O próprio Jesus chegou a dizer: "Se alguém quiser fazer a vontade de Deus, há de saber se a doutrina é Dele ou se eu falo por mim mesmo" (João 7:17).

Acontece que Deus deseja o mesmo para todos os fiéis. Não se trata de um plano inflexível e específico, mas sim de um objetivo: "ser conforme a imagem de seu Filho" (Romanos 8:29). Uma das partes mais impressionantes dos planos de Deus para nossa vida é a liberdade que conquistamos quando entregamos a vida a Ele e permitimos que Ele nos conduza na direção desse objetivo.

Jesus disse: "Se permanecerdes na minha palavra, sois verdadeiramente meus discípulos; e conhecereis a verdade, e a verdade vos libertará" (João 8:31-32). Alguns versículos depois ele diz: "Assim, se o Filho os libertou, vocês serão livres de verdade" (versículo 36). Quando lemos as Escrituras, vemos que essa liberdade não se refere apenas àquela que conquistamos com a libertação do pecado, mas inclui também a libertação da tirania dos desejos e de muitas mentiras deste mundo. Essa liberdade vem acompanhada de muitas coisas sobre as quais temos livre-arbítrio, desde que respeitemos um único limite: o de agir de acordo com a vontade moral de Deus.

O PROBLEMA DE VER A VONTADE INDIVIDUAL DE DEUS COMO UM PLANO ESPECÍFICO E DETALHADO

A *Bíblia* nos revela os princípios para viver a vida de uma maneira que agrade a Deus. Ela não diz o nome da pessoa com quem devemos casar ou o lugar exato onde devemos viver. Isso cria um problema para aqueles que acreditam que a vontade individual de Deus é um plano detalhado e preciso para cada aspecto de nossa vida: como descobrir cada um desses detalhes?

Ainda que algumas vezes Deus fale diretamente com uma pessoa em voz bem audível, ou mesmo por intermédio de um anjo mensageiro, esses são acontecimentos muito raros. Como, então, aqueles que acreditam que Deus tem um plano individual para cada um podem descobrir os detalhes e estar sempre no "centro da vontade de Deus"? A resposta é que eles usam emoções ou impressões para determinar a vontade específica de Deus em cada situação.

Aqueles que acreditam que é preciso uma forte experiência subjetiva para conhecer a vontade de Deus, algumas vezes, podem se sentir desvalorizado ou abandonado por Deus quando não experimentarem esse sentimento. E aqueles que alegam ter tido esse tipo de experiência com frequência vão sentir que têm um relacionamento especial com Deus e são diferentes dos outros. Algumas vezes, quando não conseguem ter esse tipo de experiência subjetiva, pessoas com essas crenças desistem e abandonam sua fé. Infelizmente, ao buscar detalhes específicos, muitos perdem a alegria e riqueza dos planos de Deus para sua vida.

A VONTADE MORAL DE DEUS É O PLANO INDIVIDUAL DELE PARA VOCÊ

A vontade individual de Deus para você, em geral, está mais relacionada a um quadro mais amplo – seu coração, seu caráter e as escolhas morais que você faz – do que a detalhes específicos de sua vida. Sim, Deus sempre terá um plano especial para você. Ele poderá lhe trazer sofrimento espiritual e/ou conduzi-lo a um ministério que deseja que você siga. Algumas vezes, Ele até aciona palavras, emoções ou pensamentos específicos que lhe permitam ser instrumento Dele em determinada situação. No entanto, Ele deixa grande parte dos detalhes – de como ajudar alguém ou como trabalhar em um ministério – para você decidir e escolher.

Uma das maravilhas sobre como Deus age em nossas vidas e a maneira como Ele nos dá livre-arbítrio para fazer nossas escolhas. Ele então trabalha com essas escolhas tanto para construir nosso caráter como para realizar os planos que Ele tem para a criação. Infelizmente, muitas pessoas não entendem isso. Na realidade, muitos veem os planos morais de Deus como uma restrição que os impede de aproveitar as coisas boas da vida. Isso não procede porque a vontade moral de Deus nos leva justamente a usufruir o melhor que a vida tem a oferecer.

Ao falar dos mandamentos aos judeus, Moisés disse: "O céu e a terra tomo hoje por testemunhas contra ti de que te pus diante de ti a vida e a morte, a bênção e a maldição; escolhe, pois, a vida, para que vivas, tu e a tua descendência" (Deuteronômios 30:19). Deus quer que escolhamos uma vida rica e cheia de amor e um relacionamento dinâmico com Ele. Infelizmente, nossa natureza pecaminosa – o desejo de sermos nosso próprio deus e decidir nosso destino – com frequência nos leva a fazer escolhas que nos afastam de Deus.

Uma analogia muito usual compara a vontade moral de Deus com as leis de trânsito. Por exemplo, se desejo ir de minha casa em Sacramento, Califórnia, à cidade de Nova York, sou livre para escolher qualquer rota entre as milhares de diferentes opções. À medida que sigo pela rota que escolhi para chegar ao meu destino, posso optar por fazer paradas frequentes e descansar um pouco. Posso até mesmo escolher desviar um pouco da rota traçada e apreciar um local especial durante alguns dias. Mas, seu eu quisesse, eu também poderia escolher chegar lá o mais rápido possível, parando apenas para me alimentar e dormir.

Em cada estrada dessa rota haverá muitos sinais para me ajudar a saber se estou no caminho certo. Esses sinais são como os exemplos e princípios bíblicos que nos explicam claramente como lidar com grande parte das situações com as quais nos deparamos na vida. Tudo o que preciso para chegar a Nova York são e salvo é ler os sinais e obedecer às leis que permitem que o motorista partilhe a estrada com os demais de maneira segura.

Se eu não prestar atenção à sinalização, provavelmente terminarei pegando o caminho errado e chegando a algum lugar muito diferente do meu destino inicial. Se dirigir rápido demais ou for descuidado, receberei muitas multas de trânsito por infrações menores, ou mesmo poderei ser preso se cometer infrações mais graves – como as penalidades naturais do pecado. Pior ainda, se escolher dirigir sem a menor prudência ou bom-senso, posso acabar com a minha vida ou com a dos outros [que cruzarem meu caminho].

Agora, independentemente da rota que eu escolher, é possível que eu encontre estradas sendo reparadas ou algum tipo de perigo, como pontes caídas ou deterioradas. Nesses pontos do caminho haverá alguém, ou algum sinal, para me informar que devo pegar um desvio ou uma rota alternativa. Da mesma maneira, Deus algumas vezes nos avisa de que há perigo adiante ou de algo que Ele quer que façamos. Na verdade, quanto mais perto você ouvi-lo, mais Ele irá usá-lo para trabalhar sua vontade no mundo.

No entanto, a maior parte das vezes, somos livres para decidir o que fazer acerca de situações cotidianas. A única limitação é que devemos dar o máximo de nós para que essas decisões estejam de acordo com a vontade moral de Deus. Para ajudar nesse processo, Deus nos deu a *Bíblia*, o Espírito Santo e os irmãos cristãos. Retomando o exemplo de minha viagem imaginária, isso é como ter um companheiro de viagem ao meu lado, no banco do passageiro, com um mapa nas mãos para me guiar na direção certa e avisar dos perigos e dos desvios, garantindo que não irei me perder no meio do caminho. Certamente o Espírito Santo está sempre ao seu lado, proporcionando sabedoria para várias situações que você enfrenta e apontando circunstâncias em que você poderá ser usado por Deus para fazer a Sua obra.

O que, então, é a vontade moral de Deus? É viver uma vida que reflete o caráter de Deus como descrito nos mandamentos e observado na vida de Jesus. Eis uma pequena amostra dos muitos versículos que deixam isso claro:
Amarás o Senhor teu Deus de todo o teu coração, com toda a tua alma e com todo o teu entendimento. Esse é o primeiro e o maior dos mandamentos. O segundo é parecido: amarás teu próximo como a ti mesmo. Todos os outros mandamentos e preceitos dos antigos escritos sagrados nascem dessas duas leis.
(Mateus 22:37)

Assim resplandeça a vossa luz diante dos homens, para que vejam as vossas boas obras e glorifiquem a vosso Pai que está nos céus.
(Mateus 5:16)

Pois aquele que fizer a vontade de Deus, esse é meu irmão, irmã e mãe.
(Marcos 3:35)

Ele, porém, lhes respondeu: Minha mãe e meus irmãos são esses que ouvem a palavra de Deus e a observam.
(Lucas 8:21)

Se você me ama, obedecerá a meu comando.
(João 14:15)

Se permanecerem em mim, e as minhas palavras permanecerem em vocês, peçam o que quiserem e lhes será concedido. Meu Pai é glorificado sempre que vocês produzirem muitos frutos; e assim serão meus discípulos.
(João 15:7-8)

Portanto, quer comais quer bebais, ou façais, qualquer outra coisa, fazei tudo para glória de Deus.
(1 Coríntios 10:31)

Porque somos feitura sua, criados em Cristo Jesus para boas obras, as quais Deus antes preparou para que andássemos nelas.
(Efésios 2:10)

Para que agora seja manifestada por meio da igreja, aos principados e potestades nas regiões celestes, segundo o eterno propósito que fez em Cristo.

(Efésios 3:10-11)

Sede pois imitadores de Deus, como filhos amados; e andai em amor, como Cristo também vos amou, e se entregou por nós, como oferta e sacrifício a Deus.

(Efésios 5:1-2)

Deus não nos criou para sermos impuros, mas sim para viver uma vida sagrada. Portanto, aquele que rejeita essas coisas não está rejeitando o homem, mas a Deus que lhe deu o seu Espírito Santo.

(Tessalonicenses 4:7-8)

Como é santo aquele que vos chamou, sede vós também santos em toda. a vossa maneira de viver.

(1 Pedro 1:15-16)

Vivam de forma correta entre os gentios, para que naquilo em que falam mal de vós, observando as vossas boas obras, glorifiquem a Deus no dia da visitação.

(1 Pedro 2:12)

O *Velho Testamento* é muito claro sobre os tipos de ações e pensamentos que agradam a Deus e obedecem à sua vontade moral. Também é claro que é impossível para nós seguirmos inteiramente a vontade de Deus por nós mesmos. Mesmo quando compreendemos a palavra de Deus, nosso espírito e nossa natureza nos fazem pensar e agir de maneira contrária à vontade Dele. Mas como revela o *Novo Testamento*, a restauração de nosso relacionamento com Deus por meio de Cristo abre as portas para que o Espírito Santo limpe nossa mente e nosso espírito de forma que, cada vez mais, alinhar-se à vontade de Deus não seja um ato da vontade humana, mas uma parte natural de nossa natureza renovada e do Cristo que vive em nós.

COMO AS EMOÇÕES SE ENCAIXAM
NOS PLANOS DE DEUS

No Capítulo 2, você aprendeu sobre o lado subjetivo das emoções e como, em geral, as discussões sobre o assunto costumam ignorar esse aspecto. Esse também costuma ser um aspecto ignorado da razão de termos emoções. João afirma claramente: "Deus é amor" (1 João 4:8, 16). Uma vez que somos criados à imagem e semelhança de Deus, um dos principais propósitos das emoções é nos permitir vivenciar esse amor, tanto em nosso relacionamento com Deus como em nosso relacionamento com os outros. Na realidade, a referência ao amor é usada ao longo de toda a *Bíblia* para descrever o tipo de relacionamento que Deus deseja ter conosco.

Além disso, o *Velho Testamento* com frequência nos diz como Deus ficou feliz com várias pessoas. Por exemplo, Ele disse a Moisés: "[...] achastes graças aos meus olhos" (Êxodo 33:17). Em Hebreus, lemos que Enoque "foi recomendado como alguém que achou graça aos olhos de Deus" (Hebreus 11:5). Também vemos em muitas outras passagens que Deus "encantou-se" com seu povo. Eis alguns exemplos.

> Cantem de júbilo e se alegrem os que têm prazer na minha retidão; e digam sempre: Glorificado seja o Senhor, que se compraz na prosperidade do seu servo.
> (Salmos 35:27)

> Porque o Senhor se agrada do seu povo; ele adorna os mansos com a salvação.
> (Salmos 149:4)

> Abominação para o Senhor são os perversos de coração, mas os de caminho sincero são o seu deleite.
> (Provérbios 11:20)

Não é de admirar que amor, alegria e paz sejam os primeiros frutos do Espírito Santo mencionado por Paulo em Gálatas 5:22.

Observamos, então, que o propósito das emoções é partilhar a experiência do amor e da alegria que são a essência de Deus. Tiago declarou: "Toda boa dádiva e todo dom perfeito vêm do alto, descendo do Pai das luzes, em quem não há mudança nem sombra de variação" (Tiago 1:17). Não se pode imaginar dom maior do que poder partilhar a intimidade que Deus nos oferece.

Essa capacidade de ser íntimo de Deus talvez seja um dos aspectos mais maravilhosos das emoções, mas isso não é tudo. Nos capítulos anteriores, vimos como as emoções nos levam a agir e como nos ajudam a reagir ao perigo e a aprender a priorizar informações e a nos comunicar com os outros. Cada uma dessas funções das emoções tem um lado espiritual que, quando funcionando segundo as orientações do Espírito Santo, nos permite entender a natureza de Deus e nos ajuda a ouvir e a reagir conforme a vontade e os ensinamentos do Senhor.

O Capítulo 5 discute, em detalhe, como grande parte de nossas emoções resulta de nossa interpretação dos acontecimentos. Acredito piamente que se virmos o mundo como Deus, o vê, nossas emoções sempre estarão em linha com a vontade Dele. Nós nos regozijaremos nas coisas que agradam ao Senhor e odiaremos aquelas que não agradam a Ele. Infelizmente, vivemos num corpo e num mundo manchados pelo pecado. Acreditamos em coisas que ainda são influenciadas pelo mundo e contrárias aos desígnios de Deus. Também temos uma série de reações emocionais automáticas, que se desenvolveram quando estávamos inteiramente sob a influência deste mundo desajustado.

Quando esses aspectos de nossas vidas ainda estão infectados pelas mentiras de Satã, pelo pecado, ou os fatores mundanos ainda estão condicionando nosso pensamento e nossas emoções, isso nos faz agir de maneira que não agrada a Deus. Paulo diz:

> Tenho o desejo de realizar o bem, mas não faço o bem que quero, porém o mal que não quero, esse faço.
> (Romanos 7:18-19)

> Miserável homem que eu sou! Quem me livrará do corpo desta morte? Graças a Deus, por Jesus Cristo nosso Senhor!
> (Romanos 7:24-25)

Como pertencemos a Jesus, sabemos que "todas as coisas concorrem para o bem daqueles que amam a Deus, daqueles que são chamados segundo o seu propósito" (Romanos 8;28). Também podemos dizer, como Paulo:

> Porque estou certo de que, nem a morte, nem a vida, nem anjos, nem principados, nem coisas presentes nem futuras, nem a altura, nem a profundidade, nem qualquer outra criatura nos poderá separar do amor de Deus, que está em Cristo Jesus nosso Senhor.
> (Romanos 8:38-39)

Da mesma forma que a palavra de Deus refresca e renova nossa mente, o Espírito Dele também refresca e renova nosso espírito de tal modo que possamos ver mais claramente o que acontece por meio dos olhos de Deus. Isso, por sua vez, permite que nossas emoções funcionem cada vez mais como Deus as concebeu e pretende que elas sejam. É importante enfatizar que esse não é um processo puramente mental. Renovar a mente é importante. No entanto, nossa união com Deus, por intermédio de Cristo, de alguma maneira misteriosa, permite-nos vivenciar as reações de Deus aos acontecimentos dentro de nosso ser. No início, isso é apenas uma leve sensação que até podemos ignorar. À medida que nos aproximamos mais de Deus, isso vai se tornando tão intenso que não podemos mais ignorar.

Quando Deus olha através de nós, entristecemo-nos com os corações endurecidos e ficamos tocados e dispostos a agir contra injustiças, experienciando o amor de forma ainda mais intensa e profunda. Mas esse é um processo lento. Com frequência, nossos pensamentos, ações e emoções ainda entram em conflito com a palavra Dele. Todas as vezes que isso acontece, porém, temos a oportunidade de descobrir outros pontos em que nossa vida precisa ser restaurada. Na realidade, Deus prometeu que "O conselheiro, o Espírito Santo a quem o Pai enviará em meu nome, esse vos ensinará todas as coisas, e vos fará lembrar de tudo quanto eu vos tenho dito" (João 14:26).

As emoções exercem um papel fundamental nesse processo porque com frequência elas são uma importante indicação de que alguma parte de nossa vida precisa mudar. É por isso que o último capítulo descreveu as emoções como a janela da alma. É também o que diz Paulo em: "Examinem a si mesmos para ver se caminham na fé" (2 Coríntios 13:5); e em "Cada um deve examinar as próprias ações (Gálatas 6:4). Quando fazemos isso com o coração, Deus nos revela o que precisamos saber e aponta na direção que Ele deseja que sigamos.

Esse processo de se tornar santo pela força e poder de Deus chama-se santificação. Não há explicação científica para isso, uma vez que é, por definição, um processo espiritual. De alguma maneira misteriosa, quando nosso espírito se une ao Espírito de Deus por meio de Cristo, inicia-se um processo que envolve a transformação interior que os cristãos têm testemunhado há mais de dois mil anos.

À medida que nos rendemos ao processo de santificação, nossa mente, corpo e espírito progressivamente ficam sob a influência do Espírito Santo, dando-nos um entendimento ainda mais profundo de nós mesmos e de Deus. Quando deixamos Deus curar as mágoas do passado e mudar nossa maneira de pensar, nossas emoções começam a atuar mais em conjunção com nosso intelecto para nos ajudar a saber quando estamos obedecendo à vontade de Deus. Também começamos a ver como nossas emoções revelam aqueles aspectos de nossas vidas que ainda precisam ser tocados pela cura divina. Essa cura não inclui apenas como pensamos, mas podem até mesmo mudar reações emocionais arraigadas em seu Ser e que têm lhe causado problemas.

▸ ATIVIDADES RECOMENDADAS

VERIFIQUE SEU COMPORTAMENTO MORAL

Este capítulo abordou como Deus é muito claro sobre a vontade Dele. A maior afirmação e explicação sobre o assunto está nos Dez Mandamentos (Êxodo 20:1-17). Ao longo dos próximos dez dias, escolha um dos dez mandamentos por dia e reflita sobre o que ele significa e como você tem obedecido e seguido [esse ensinamento de Deus].

- Comece com uma prece e peça a Deus para abrir seu coração e mente à verdade, sobre os mandamentos e sobre si mesmo, que Ele deseja lhe revelar.
- Se você tiver qualquer material de estudo que fale dos mandamentos, reserve alguns minutos para lê-lo. Se você tiver acesso à internet, pode achar que é útil dar uma olhada em dois ou três sermões sobre o mandamento que estiver meditando (a maneira mais fácil de localizar um sermão específico é usar um mecanismo de busca, como o Google, e digitar o mandamento procurado entre aspas. Então coloque a palavra "sermão" fora das aspas.).

Pergunte a si mesmo:
- Em minhas palavras, o que este comando está dizendo?
- Como isso se aplica no mundo atual?
- Como isso se aplica a mim?
- De que maneira obedeço a esse mandamento?
- De que maneira desobedeço a esse mandamento?
- Que mudanças preciso fazer para agir me conformidade com ele?
- Agradeça a Deus pelos *insights* que Ele lhe deu e peça a ajuda Dele para realizar o que Ele quer que você realize em sua vida.

FIQUE CONECTADO AO CORPO DE CRISTO

As Atividades Recomendadas do Capítulo 2 discutem a importância de ser um membro ativo de uma igreja tocada pela Espírito Santo de Deus. Se você não frequenta uma igreja regularmente, comprometa-se, desta semana em diante, a começar a frequentar uma igreja focada nos ensinamentos bíblicos. Se já frequenta, mas não participa de nenhum grupo, identifique um que lhe interesse e passe a tomar parte nele.

SEJA SÁBIO

Este capítulo discute como Deus já deixou Sua vontade clara para nós por meio da *Bíblia*. Também discutiu como a solução para a maioria dos problemas que enfrentamos pode ser encontrada no livro sagrado. Se não costuma ler a *Bíblia* regularmente, passe a fazer isso. Se não sabe como começar, peça ajuda a um amigo cristão ou a um membro experiente de sua igreja. Você pode achar muito útil usar um dos guias de leitura da *Bíblia* disponíveis [no mercado].

CONTINUE A REFLETIR SOBRE O QUE SUAS EMOÇÕES REVELAM SOBRE SEU CARÁTER ESPIRITUAL

As Atividades Recomendadas do Capítulo 7 detalham a maneira como se devem observar os acontecimentos e perceber o que eles revelam sobre nosso verdadeiro caráter espiritual. Quando você enfrentar adversidades, reserve algum tempo para utilizar o processo descrito no Capítulo 7 para descobrir o que elas revelam sobre seu caráter espiritual.

CAPÍTULO 9

COMO DEUS FALA COM VOCÊ

"Inclina, Senhor, os teus ouvidos, e ouve-me, porque sou pobre e necessitado" (Salmos 86:1). Começa assim a súplica cujas palavras são muito conhecidas para inúmeras pessoas ao longo de toda a história. Como cristãos, temos a promessa de que podemos recorrer a Deus quando enfrentarmos dificuldades, ele nos guiará. "Se algum de vocês tem falta de sabedoria, peça a Deus, que a todos dá livremente e de boa vontade, que ela lhe será concedida" (Tiago 1:5). Por que então, com tanta frequência, ouvimos fiéis dizendo "Gostaria que Deus me dissesse o que fazer". A resposta: são eles que não ouvem quando o Senhor fala.

Este capítulo aborda as diferentes maneiras que Deus fala conosco, os métodos de aumentar sua habilidade para ouvi-Lo e o papel que as emoções exercem tanto para bloquear nossa habilidade de ouvir o Senhor como para nos ajudar a perceber quando Ele está falando conosco.

CINCO COISAS QUE O IMPEDEM DE OUVIR O QUE DEUS FALA

Deus está sempre disposto a deixar Sua verdade clara para todos os seus filhos. No entanto, existem diversas coisas que podem impedi-lo de ouvir a voz Dele. Vejamos cinco das mais comuns entre elas.

Pecados recorrentes

Quando pecados conscientes e inconscientes estão presentes em sua vida, o Espírito de Deus não vai apontar para algum lugar à frente, mas sim para trás, para a repetição ou recorrência do pecado, até você mudá-lo e assumir uma nova direção mais condizente com a vontade do Pai. O princípio é bem simples: pecados aos quais não renunciamos nos afastam de Deus. Isso está afirmado em diversos versículos da *Bíblia*.

> Mas as vossas iniquidades fazem a separação entre vós e o vosso Deus; e os vossos pecados encobrem o seu rosto de vós, para que vos não ouça.
>
> (Isaías 59:2)

> Se eu tivesse guardado iniquidade no meu coração, o Senhor não me teria ouvido.
>
> (Salmos 66:18)

Jesus aumentou nosso entendimento do pecado ao explicar que a fonte de todo pecado é o coração do homem. "Pois é do interior, do coração dos homens, que procedem os maus pensamentos, as imoralidades, os furtos, os homicídios, o adultério, a cobiça, a inveja, a arrogância e a tolice" (Marcos 7:21-22). Cada um desses pecados vem usualmente acompanhado de emoções como raiva, ressentimento, luxúria, inveja, ansiedade ou medo. Sempre que você experimentar uma dessas emoções precisa identificar o que a está causando. Será que Deus aprovaria os pensamentos e desejos que estão gerando esta emoção? Ou mais ainda, será que você já sabe que eles são contrários à vontade de Deus? Se for assim, peça a Deus que lhe conceda o perdão e o ajude a mudar sua mente e seu coração de maneira que possa ver a situação como Deus a vê. À medida que você se aproxima de Deus e começa a vê-lo com uma consciência e um coração puro, passa a ouvi-Lo mais claramente também (como diz Mateus 5:8).

Recusa em perdoar

A recusa em perdoar assume diversas formas, como amargura, ódio, malícia, ressentimentos e rancores arraigados. Para cada um desses sentimentos, a emoção subjacente é a raiva e o desejo de ver a pessoa que lhe causou algum mal sendo punida de alguma maneira. Para piorar ainda mais as coisas, por causa de nossa natureza humana e do fato de a sabedoria do mundo nos dizer que deveríamos nos vingar dos que nos fazem mal, com frequência, julgamos ser justificável nos sentir assim. No entanto, isso não é o que Deus deseja.

Jesus ofereceu a si mesmo em sacrifício para que possamos viver na graça do Pai. E Deus espera que façamos o mesmo e ofereçamos a mesma graça aos outros. É por isso que a "raiz da amargura" (Hebreus 12:15) espalha-se dos corações que se recusam a perdoar e impedem o Espírito Santo de dar frutos e de promover nosso crescimento espiritual. A *Bíblia* é muito clara nesse ponto.

> Porque, se perdoardes aos homens as suas ofensas, também vosso Pai celestial vos perdoará a vós; se, porém, não perdoardes aos homens as suas ofensas, também vosso Pai vos não perdoará as vossas.
> (Mateus 6:14-15)

> Quando estiverdes orando, perdoai, se tendes alguma coisa contra alguém, para que também vosso Pai que está no céu, vos perdoe as vossas ofensas.
> (Marcos 11:25)

> Sede bondosos uns para com os outros, compassivos, perdoando-vos uns aos outros, como também Deus vos perdoou em Cristo.
> (Efésios 4:32)

Quando você recebe instruções claras e diretas, precisa fazer o que Deus diz mesmo se, num primeiro momento, isso não fizer sentido ou for contrário ao que diz sua intuição.

Se estiver se atendo a sentimentos de amargura e rancor em relação a alguém, pode descobrir que libertar-se disso e perdoar a pessoa é a chave para o seu desenvolvimento espiritual e para estreitar o seu relacionamento com Deus. Além de também abrir as portas para a alegria e a paz que sempre desejou.

Rancores profundamente arraigados, em especial aqueles que se relacionam a traumas de infância, costumam levar mais tempo para serem apagados. Você pode até mesmo falar com o pastor de sua igreja ou com qualquer conselheiro cristão se estiver tendo dificuldade de se liberar de um rancor que fez parte de sua vida durante muitos anos. O espírito renovado, a alegria, a paz e o relacionamento dinâmico com Deus que usufruirá ao conseguir dar a volta por cima farão todo esforço valer a pena.

Prioridades erradas

Jesus disse: "Ninguém pode servir a dois senhores; porque ou há de odiar a um e amar o outro, ou há de dedicar-se a um e desprezar o outro. Não podeis servir a Deus e às riquezas deste mundo" (Mateus 6:24). João, por sua vez descreve como é tolice colocar outras coisas na frente de Deus em nossa vida.

> Não ameis o mundo, nem o que há no mundo. Se alguém ama o mundo, o amor do Pai não está nele.
> Porque tudo o que há no mundo, a concupiscência da carne, a concupiscência dos olhos e a soberba da vida, não vem do Pai, mas sim do mundo.
> Ora, o mundo passa, e a sua concupiscência; mas aquele que faz a vontade de Deus, permanece para sempre.
> (1 João 2:15-17)

A frase grega traduzida como "a concupiscência da carne" significa literalmente "os desejos e luxúrias da carne" e refere-se ao desejo sexual e a sensualidade – coisas que satisfazem a carne. Vivemos em uma sociedade em que a satisfação dos desejos sexuais e os prazeres como o da comida, da bebida e do entretenimentos são frequentemente apresentados como o objetivo principal da vida. A "concupiscência dos olhos" refere-se àquelas coisas que você vê e deseja. De novo, a publicidade nos apresenta um desfile de coisas que alegam ser a solução para fazer-nos felizes. A "soberba da vida" refere-se ao orgulho ou arrogância baseados nas posses ou conquistas materiais. Essa soberba reflete a recusa de reconhecer que todas as nossas habilidades vêm de Deus.

Jesus afirma categoricamente:

> Quem ama a seu pai ou a sua mãe mais do que a mim não é digno de mim; e quem ama seu filho ou sua filha mais do que

a mim não é digno de mim.

E quem não toma a sua cruz, e não segue após mim, não é digno de mim. Quem achar a sua vida perdê-la-á; e quem perder a sua vida, por amor de mim, achá-la-á.

(Mateus 10:37-39)

É apenas quando tornamos Deus nossa prioridade e nos dispomos a agir segundo a vontade Dele que somos capazes de entender claramente o que Ele está nos dizendo. Quando deixamos Deus em segundo ou terceiro lugar em nossa lista de prioridade, a voz Dele se perde no clamor e nas exigências do mundo.

Separação do Corpo de Cristo

Cultivar amizades e desenvolver relacionamentos mais profundos com outros fiéis são duas maneiras poderosas de aumentar nossa fé e de nos ajudar a aprender mais sobre nós mesmos. É por isso que os hebreus nos instruíram a: "consideremo-nos uns aos outros, para nos estimularmos ao amor e às boas obras, não deixando a nossa congregação, como é costume de alguns, antes admoestando-nos uns aos outros; e tanto mais, quanto vedes que se vai aproximando aquele Dia" (Hebreus 10:24-25).

Porque a igreja é o Corpo de Cristo, a ela foram dados profetas, pastores e sábios (Efésios 4:11). Paulo nos diz que tudo isso foi feito com um propósito:

> Para que não sejamos mais meninos inconstantes, levados em roda por todo o vento de doutrina, pelo engano dos homens que com astúcia enganam fraudulosamente. Antes, seguindo a verdade em amor, cresçamos em tudo naquele que é a cabeça, Cristo, do qual todo o corpo, bem ajustado, e ligado pelo auxílio de todas as juntas, segundo a justa operação de cada parte, faz o aumento do corpo, para sua edificação em amor.
>
> (Efésios 4:14-16)

Se está tendo dificuldade em ouvir o que Deus fala com você, pode ser apenas porque não está no lugar onde, com frequência, Ele fala com mais clareza. Estar conectado à igreja significa estar conectado ao

Corpo de Cristo. Esse é um recurso que Deus oferece para ajudá-lo a se tornar espiritualmente maduro, de maneira que você possa dar muitos frutos para a sabedoria de Deus.

Negligência das disciplinas espirituais

Muitos cristãos veem as disciplinas espirituais como relíquias do passado que simplesmente não se encaixam no estilo de vida moderno. Ao mesmo tempo, eles também acham que houve pouco crescimento em suas vidas depois de anos seguindo aos ensinamentos de Cristo. Pior ainda, consideram que não estão experimentando o relacionamento íntimo com Deus que todos nós deveríamos ter. A resposta para esse dilema é lançar um olhar novo para as disciplinas espirituais.

Ainda que não exista consenso sobre a lista de disciplinas espirituais, muitas coisas são frequentemente mencionadas. Em geral, aceita-se que o propósito de uma disciplina espiritual é mover seu coração para bem longe das coisas do mundo e ajudar a voltá-lo na direção de Deus. Por causa disso, é necessário que qualquer coisa que você decida fazer seja feita para conhecer Deus melhor e se aproximar Dele, não apenas por um senso de obrigação ou por esperar algum tipo de recompensa. A prática de disciplinas espirituais apenas por mera obrigação ou para buscar alguma recompensa costuma ser uma prática vazia e pode, inclusive, gerar ressentimento contra Deus.

As disciplinas espirituais podem incluir muitos tipos de práticas diferentes. Seguem abaixo as mais frequentemente mencionadas.

Oração

De todas as disciplinas, a oração é a mais fundamental. Reservar algum tempo para orações pessoais abre os canais espirituais e ajuda a concentrar a mente em Deus de uma maneira que nada mais é capaz de fazer. Se você nunca adotou uma prática de reserva um tempo do dia para falar com Deus, existem algumas sugestões úteis de como fazê-lo no Apêndice 2 deste livro.

Estudo bíblico

O capítulo anterior discutiu como Deus já falou muitas coisas para nós por meio de Sua Palavra, a *Bíblia*. Não espere que Ele lhe diga mais se você não se importa em ouvir o que Ele já lhe disse.

Meditação/Tempo de reflexão

Embora existam muitos tipos diferentes de meditação cristã, a forma mais simples de fazer isso é reservar um tempo regular para refletir sobre assuntos espirituais. Durante esse tempo, você pode refletir sobre uma passagem das Escrituras que tiver lido ou estudado, sobre o sermão de domingo ou sobre como Deus vê uma questão ou problema que você está enfrentando.

Abstinência e jejum

Provavelmente nada é mais contrário ao desejo de gratificação imediata de nossa cultura moderna do que a abstinência e o jejum. No entanto, o propósito da abstinência é nos ajudar a voltar nossa mente e nosso coração em direção a Deus, abstendo-nos de algumas coisas do mundo por algum tempo. A abstinência não precisa se limitar ao jejum, ou seja, não comer nem beber. Ela também pode incluir alguma atividade que você aprecie, como abster-se de assistir à televisão durante certo tempo ou de comer determinado tipo de alimento, como o chocolate. Existem muitos livros bons sobre o assunto e vários *sites* que ensinam como usar a abstinência para se aproximar mais de Deus.

Outras disciplinas

Muitas outras disciplinas são descritas como disciplinas espirituais. Algumas das mais frequentemente mencionadas são os serviços de adoração e os retiros espirituais. Além disso, muitas disciplinas podem ser combinadas e praticadas em conjunto. Como, por exemplo, a prece e o jejum.

Se você sente que sua vida espiritual está vazia e sem alegria, escolha uma ou duas disciplinas para praticar. Essa poderá ser a chave que o levará a experimentar um relacionamento mais profundo e íntimo com Deus e aumentará sua habilidade de ouvir o que Ele fala com você.

MANEIRAS COMO DEUS FALA COM VOCÊ

Deus fala com você de muitas maneiras diferentes. Tentar agrupá-las em categorias é muito difícil, uma vez que diversas dessas categorias costumam se sobrepor. Tenha isso sempre em mente. Abaixo seguem cinco maneiras que Deus usa para falar com você.

A Bíblia

Há mais de dois mil anos, Deus tem usado os diversos autores da *Bíblia* para falar com os homens. Ele espera que você ouça e aprenda tudo o que já foi dito. Na realidade, muitas das respostas pelas quais você procura já estão lá. Em geral, os ensinamentos oferecidos na *Bíblia* são suficientes para nos mostrar a direção certa a seguir em qualquer situação.

À medida que você lê e estuda a *Bíblia*, Deus usa o que você aprendeu para se comunicar com você por meio de seus pensamentos, de suas emoções e de outras pessoas.

Os pensamentos

Deus, com frequência, incutirá pensamentos em sua mente. Isso é ainda mais verdadeiro para aqueles que leem a *Bíblia* regularmente.

Ele faz isso de três maneiras:

- *Em tempos de tribulações e tentações*, Deus com frequência traz à sua mente trechos da *Bíblia* ou histórias que o confortam e fortalecem para ajudá-lo a seguir na direção que Ele deseja que você siga.
- *Quando você procura orientação por meio da oração*, Deus costuma fazê-lo lembrar-se de trechos das Escrituras que têm as respostas para seus questionamentos. Se você é um cristão novato (ou se ainda não participou de muitos estudos bíblicos), peça a um amigo cristão fiel, que conheça bem a *Bíblia*, para ajudá-lo a encontrar passagens das Escrituras que falam do problema que você está vivendo.
- *Quando você lê as Escrituras com o coração aberto e empenhado em buscar as respostas que precisa*, Deus abre o significado delas para você de uma maneira nova e totalmente pessoal. É um testemu-

nho comum que, durante períodos de incertezas, um versículo particular, que traz a resposta para o impasse, costuma saltar da página [diante dos olhos daquele que pede a orientação de Deus].

Uma resposta emocional a um cântico ou a um ensinamento

Deus costuma falar conosco por intermédio de nossas emoções. Enquanto você está ouvindo o sermão, adorando a Deus com um cântico ou participando de um estudo bíblico, algo toca profundamente seu coração e lhe transmite a mensagem que você precisa ouvir, quer seja uma palavra de conforto, direcionamento, aviso ou encorajamento.

Outras pessoas

Deus também costuma falar por meio do Seu Corpo, a igreja. Por igreja não quero dizer uma denominação em particular, mas todos aqueles cristãos que formam uma comunidade que adora ao Senhor. O Espírito Santo tem concedido aos fiéis uma infinidade de dons. Entre esses dons: "Porque a um é dada, mediante o Espírito, a palavra da sabedoria; e a outro, segundo o mesmo Espírito, a palavra do conhecimento" (1 Coríntios 12:8). A *Bíblia* também traz repetidamente o conselho "Onde não há conselho, frustram-se os projetos; mas com a multidão de conselheiros [eles] se estabelecem" (Provérbios 15:22).

Quando se está lidando com uma situação difícil ou precisando tomar uma decisão importante, é fácil ser levado pelo desejo pessoal ou pelas fortes emoções. Os homens e mulheres de Deus que não estão envolvidos no assunto, e são maduros na fé, podem ver mais claramente a situação e aplicar os princípios das Escrituras com mais propriedade.

Formas sobrenaturais

Deus também pode falar diretamente com as pessoas de uma forma sobrenatural. No entanto, esta é a maneira mais rara que Deus escolhe para falar com seus fiéis, pois existem muitas outras maneiras pelas quais ele pode fazer isso. Infelizmente, muitos cristãos ficam deveras enfeitiçados por testemunhos desse tipo de comunicação. E enquanto procuram por comunicações sobrenaturais deixam de prestar atenção nas formas usuais de comunicação que Deus utiliza.

As comunicações sobrenaturais da parte de Deus geralmente assumem uma dentre três formas. A primeira é quando a pessoa, por meio do Espírito Santo, fala uma palavra sobre sua vida como resultado do dom da profecia. Quando isso acontece, esteja preparado para ouvir o que Deus fala, Paulo adverte-nos: "Não extingais o espírito. não desprezeis os dons da profecia" (1 Tessalonicenses 5:19-20). Ao mesmo tempo, no versículo seguinte ele acrescenta: "Testais tudo". Compare o que lhe é dito com o que dizem as Escrituras, não é por que alguém diz "Deus me pediu que te dissesse..." que você vai automaticamente acreditar que Deus está falando com você.

A segunda forma de comunicação sobrenatural ocorre como uma forte impressão de algo. Cricket, uma amiga minha, é um bom exemplo disso. Ela ama o Senhor de todo o seu coração e vive uma vida rica em oração. Algumas vezes, ela me conta coisas sobre as quais tem uma forte impressão. Em algumas momentos, isso até parece ilógico, mas depois prova ser claramente uma impressão do Espírito Santo. Às vezes, é algo tão simples como o pensamento de que ela precisa rezar por alguém ou telefonar para alguém que nem conhece direito. Mais tarde é comum descobrirmos que a pessoa em questão estava passando por uma situação muito difícil e que precisava de uma palavra de força e encorajamento.

Uma das ocasiões mais dramáticas desse contexto envolveu o filho de Cricket, que tem uma incapacidade bastante acentuada. Uma noite ela sentiu Deus lhe dizer muito claramente que levasse o filho ao hospital o mais rápido possível. Ele não tinha febre e não demonstrava nenhum sinal de qualquer problema. Mas como sabia que as necessidades especiais do filho necessitavam dos cuidados de um bom pediatra, ela foi direto ao serviço de emergência. Depois que o médico o examinou, perguntou a Cricket por que o tinha levado até lá. Minha amiga respondeu apenas: "Porque Deus me mandou fazer isso". O pediatra então revelou a ela que seu filho precisava de cuidados imediatos. Na realidade, segundo o que o médico disse, se tivesse demorado mais quinze minutos para ser atendido, ele poderia morrer.

Em raras ocasiões, Deus fala com as pessoas numa voz perfeitamente audível, através de visões e sonhos, ou pensamentos sobre a visitação de um anjo. Lana, outra amiga minha e uma cristã verdadeira, recentemente contou ao nosso pequeno grupo sobre um incidente que ocorreu quando sua filha ainda era bem pequena. Lana estava penteando os cabelos enquanto o marido dela, Chris, estava no carro, pronto para sair. De repente, ela teve uma visão de Chris atropelando uma criança. Saiu correndo da casa e viu a filha caminhando para a parte de trás do carro, bem num ponto do qual era impossível se ter visão pelos retrovisores. Lana resgatou a filha e nada de mal lhe aconteceu. Essa filha é hoje uma linda jovem cristã que está tocando muitas vidas.

Ainda que as experiências de Lana e Cricket sejam poderosas demonstrações da comunicação sobrenatural de Deus, sabemos que são experiências raras. As pessoas costumam ter apenas uma experiência dessas ao longo de toda a sua vida. Alguns podem até ter várias. Porém, todas as pessoas que têm esse tipo de comunicação com Deus têm uma coisa em comum: elas passam sempre muito tempo com o Senhor. Jesus disse: "Eu sou o bom pastor, conheço cada uma de minhas ovelhas e minhas ovelhas me conhecem" (João 10:14). Um pouco depois Ele acrescentou: "Minhas ovelhas ouçam a minha voz, eu as conheço e elas me seguem" (versículo 27).

Não espere conseguir ouvir a voz de Deus se você não passar algum tempo junto Dele.

ADVERTÊNCIA

Uma vez que é muito fácil nos enganarmos, uma importante advertência deve ser feita para cada uma dessas maneiras que Deus utiliza para falar conosco. Tenha em mente que o verdadeiro conselho divino sempre se encaixa com tudo o quer que já tenha sido dito pela *Bíblia*. Se você sente que Deus está lhe dizendo para fazer algo, seja cuidadoso e teste seu direcionamento espiritual para saber se aquelas são mesmo as palavras Dele. Se não tiver certeza, fale com alguém que tenha um relacionamento íntimo com Deus e que conheça bem a *Bíblia*. À medida que ficar mais próximo de Deus, você compreenderá as palavras Dele com mais facilidade e saberá se um pensamento foi só uma manifestação de seu desejo pessoal ou se foi uma orientação divina.

▸ ATIVIDADES RECOMENDADAS

IDENTIFIQUE COISAS QUE ESTÃO TE IMPEDINDO DE OUVIR O QUE DEUS FALA

Releia o tópico que fala de cinco coisas que o impedem de ouvir o que Deus diz. Marque cada um dos pontos levantados que julgar que se aplica a seu caso em particular. Para completar, faça uma análise das últimas semanas e respondas às questões seguintes.

- Existe algo em minha vida de que estou consciente, mas que me recuso a renunciar porque gosto demasiadamente disso?
- Já senti emoções negativas como a raiva, o ressentimento, a luxúria, a inveja ou ansiedade? Se já, o que provocou isso?
- Existe alguém a quem não perdoei ou a quem devo pedir perdão?
- Já senti raiva de alguém por algum erro que acredito que ele ou ela cometeu?
- Analisando a maneira como gasto meu tempo e dinheiro, qual é mais importante para mim?
- Existem coisas no mundo de que gosto mais do que Deus?
- Existe algum "direito" que acredito que tenho para não me submeter à vontade de Deus?
- Pratiquei alguma das disciplinas espirituais descritas neste capítulo? Se pratiquei, minha prática foi consistente ou irregular?
- Depois de responder a essas questões, decida que ações você precisa tomar para mudar o que está errado. Partilhe seu plano com um amigo cristão em quem confie.

CONFIRA SUA AUDIÇÃO ESPIRITUAL

Depois de ter passado algum tempo fazendo os exercícios acima, reserve mais alguns dias para avaliar se você está ouvindo o que Deus diz. Uma das melhores maneiras de avaliar sua audição espiritual é observar como toma suas decisões. Comece lendo o tópico intitulado "Maneiras como Deus fala com você", pelo menos duas vezes. Então faça uma lista dos vários tipos de decisão que teve de tomar nos últimos meses. Depois que tiver feito a lista, faça a si mesmo as perguntas seguintes.

- Reservei algum tempo para identificar o que a *Bíblia* tinha a dizer sobre qualquer uma dessas situações? Se não conheço bem a *Bíblia*, pedi ajuda a alguém que conhece?

Orei pedindo orientação sobre isso? E ao dizer orar não me refiro a apenas a proferir uma ou duas frases, mas a fazer orações em que:

- Examino a situação de diferentes perspectivas.
- Pondero como aplicar as Escrituras ao momento vivido.
- Considero o aconselhamento espiritual que tenho recebido.
- Peço a Deus que não apenas me dê sabedoria, mas também me revele todas as coisas que preciso saber sobre mim mesmo e sobre a situação que preciso mudar.
- Procurei me aconselhar com pessoas de Deus?
- Havia portas abertas (oportunidades) que ignorei?
- Que papel minhas emoções exerceram ao me fazer optar por decisões sábias ou opções infelizes?
- As ações que decidi tomar me ajudaram a ficar em paz com minha mente e com meu coração?

Certifique-se de registrar todas as suas observações e *insights* em seu diário.

CAPÍTULO 10

EMOÇÕES QUE SURGEM INESPERADAMENTE

As circunstâncias que desencadeiam a maioria de nossas emoções são facilmente identificáveis. Você ganha um prêmio. Um carro corta seu caminho no trafego quase causando um acidente. Você reencontra um velho amigo. Alguém que você ama o ignora completamente. Você consegue concluir um projeto com sucesso. Um amigo zomba de você de maneira dolorosa na frente dos outros. No entanto, algumas vezes experimentamos emoções de origem misteriosa e que nos levam a pensar "De onde vem essa emoção?".

Por exemplo, Kim recebeu um *e-mail* de seu supervisor dizendo que precisava muito lhe falar. Ainda que fosse compreensível ficar um pouco nervosa, Kim experimentou um medo aterrador quando pensou no que estava por vir naquela reunião. Ela não compreendia por que estava reagindo daquela maneira, uma vez que era muito boa no que fazia e sabia que, provavelmente, o supervisor só iria lhe falar sobre questões de rotina ou de procedimentos novos.

Raymond estava noivo de uma jovem a quem conhecia havia algum tempo. Então, certo dia, quando estavam sozinhos e sentindo-se muito próximos, ela casualmente mencionou que adoraria saber como Raymond ficaria com o cabelo cortado num estilo um pouco diferente. De repente, Raymond se sentiu muito irritado e reclamou de como a noiva nunca estava satisfeita com as coisas do jeito que eram. Algum tempo depois, ele se questionou por que tinha ficado tão zangado com algo tão insignificante.

Neste capítulo abordaremos as chamadas reações emocionais condicionadas, que quase sempre costumam surgir inesperadamente. Também abordaremos como os lados subjetivo, físico, mental e espiritual das emoções se inter-relacionam.

REAÇÕES EMOCIONAIS CONDICIONADAS

No início do século 20, Ivan Petrovich Pavlov conduziu o que hoje é um experimento clássico. Ele deixou um cão ouvir uma campainha e imediatamente colocou carne na língua do animal, levando-o a salivar. Depois de repetir isso muitas vezes, o som da campainha sozinho já era suficiente para fazer o cão salivar. Pavlov chamou a salivação do cão em resposta ao som de *reação* ou *resposta condicionada*. Esse processo de associar uma reação reflexa (salivação) a um estímulo que normalmente não é relacionado a ele (como o som da campainha) é conhecido como *condicionamento pavloviano*.

Reações emocionais condicionadas são similares a condicionamentos clássicos. A diferença é que em vez de desencadear um reflexo simples como a salivação, o estímulo agora também gera uma resposta emocional. Kim é um bom exemplo disso. Ela foi uma criança com um espírito gentil e condescendente que cresceu num lar de pais muito rígidos que ficavam zangados quando tentavam discipliná-la. Quando isso acontecia, Kim ficava muito amedrontada e imediatamente fazia tudo o que os pais queriam. Como o passar do tempo, as amídalas de Kim (como discutido no Capítulo 3) colocaram um selo emocional em olhares e comentários parecidos com os de seus pais como potencialmente perigosos. Em resposta, ela aprendeu a acalmar a intensa ansiedade desencadeada pela desaprovação dos pais tornando-se submissa e fazendo o que quer que fosse preciso para ganhar a aprovação deles outra vez.

Essa reação foi transportada para a vida adulta de Kim. Sempre que ela experimentava a desaprovação de alguém, reagia com intensa ansiedade. Essa reação emocional então desencadeava o comportamento de autopreservação que ela aprendera desde criança: suprimir suas emoções e ser submissa. Mesmo o mero pensamento de ser alvo de alguma reprovação era capaz de desencadear tal emoção. Foi o que aconteceu quando ela recebeu o *e-mail* de seu supervisor. Primeiro, Kim pensou: "Será que fiz algo errado?". Emocionalmente, a simples ideia de que o supervisor queria corrigir algum possível erra seu a fez sentir-se como quando estava prestes a ser repreendida pelos pais.

Raymond também nos oferece um exemplo de como uma criança que tem pais muito duros pode desenvolver uma reação muito diferente da de Kim. Ele foi criado por uma mãe muito crítica e por um pai que se zangava com facilidade. Seus pais com frequência tinham terríveis discussões. No entanto, ao contrário de Kim, Raymond era uma criança muito assertiva e de temperamento forte que o levava a defender sua posição. Em vez de calar-se e de concordar com o que a mãe dizia, Raymond reagia com raiva e espelhava o comportamento do pai, reagindo como ele. Assim, quando a noiva fez o comentário sobre seu corte de cabelo, em um nível inconsciente, ele sentiu como se estivesse sendo criticado da mesma forma que a mãe fazia. Isso desencadeou a raiva que ele associava às críticas e automaticamente Raymond adotou a reação que tinha aprendido com o pai.

Reações emocionais condicionadas explicam muitas reações emocionais intensas que as pessoas experimentam ao longo da vida e, em geral, parecem ser desproporcionais em determinadas situações. A razão misteriosa para isso deve-se a surpreendente habilidade que o cérebro tem de interpretar, em um nível inconsciente, os muitos acontecimentos complexos que o circundam (ver Capítulo 3). Essa habilidade é o que faz as reações emocionais condicionadas surgirem inesperadamente. Da mesma forma, os comportamentos que essas reações desencadeiam são automáticos e foram desenvolvidos durante anos de prática na infância.

Até agora focalizei nas reações condicionadas negativas. No entanto, também existe o lado positivo delas. Reações condicionadas explicam muitas das reações positivas, como algumas das reações que temos para consolar a nós mesmos. Por exemplo, para um espírito dócil como o de Kim, a aprovação da mãe era muito importante e a mãe dela sempre a recompensava pelo bom comportamento dando-lhe um biscoito de amêndoa. Receber esse biscoito da mãe tornou-se, então, um sinal de que era amada. Quando adulta, sempre que entrava em um mercado de comidas asiáticas, Kim seguia direto para os biscoitos de amêndoa. Comprá-los e comê-los a reconfortava. Algumas vezes, quando se sentia mal, ela comprava alguns apenas para se animar.

O fato é que a associação entre o condicionamento clássico e o condicionamento emocional exerce um dos papéis principais, ainda que usualmente ignorado, em nossa vida diária. Muitas de nossas preferências e gostos, e também rejeições, são resultado de experiências que tivemos quando mais jovens. Um bom exemplo disso é sua comida preferida. É por isso que você aprecia alimentos com os quais está familiarizado e rejeita aqueles que não conhece. Os sabores e aromas com os quais está familiarizado desencadeiam uma reação positiva quando você tem fome, mas sabores e aromas que não lhe são familiares podem produzir a reação oposta. Apenas a visão de pessoas consumindo alguns alimentos, como serpentes e insetos, podem até deixá-lo enjoado, ao passo que em outros pode "dar água na boca". O mesmo pode ser dito das músicas que ouve e de muitos aspectos de como lidamos com o trabalho e do que consideramos ser entretenimento ou não.

IDENTIFICANDO REAÇÕES EMOCIONAIS CONDICIONADAS

Uma vez que as reações emocionais condicionadas associadas ao perigo são importantes para nossa sobrevivência, elas devem ser especialmente intensas. Isso explica por que pessoas que crescem em ambientes adversos, com frequência, têm reações mais intensas em relação às coisas que lhes eram dolorosas ou perigosas quando crianças. Tanto no caso de Kim quanto no de Raymond, as reações emocionais condicionadas tinham a ver com a desaprovação que receberam dos pais na infância. No entanto, podem existir muitos outros tipos de reações emocionais condicionadas.

Uma pessoa que sofre abuso sexual repetidamente pode desenvolver uma reação emocional condicionada que interfere com sua vida íntima. Alguém que cresce num lar em que o abuso físico é uma constante ou em uma sociedade devastada pela guerra pode desenvolver uma ampla gama de reações emocionais condicionadas associadas a segurança física ou a necessidade de alimentos e de abrigo.

Reserve um momento e reflita sobre o seguinte:

- Pessoas em posição de autoridade.
- Pessoas que falam alto e agem espalhafatosamente.
- Pessoas quietas e tímidas.

- Pessoas atraentes do mesmo sexo.
- Pessoas não atraentes do mesmo sexo.
- Pessoas atraentes do sexo oposto.
- Pessoas não atraentes do sexo oposto.
- Pessoas que enfrentam dor física ou emocional.
- Situações envolvendo sucesso, fracasso ou morte.
- Situações em que os acontecimentos estão fora de seu controle.
- Situações que representam uma ameaça.
- Situações em que os acontecimentos são imprevisíveis.
- Situações envolvendo intimidade.
- Situações em que a ternura ou o amor são claramente expressados.
- Situações em que você está sendo provocado ou criticado.

Se qualquer uma dessas situações tende a desencadear reações emocionais ilógicas ou desproporcionais em você, é possível que se trate de uma reação emocional condicionada. Para muitos, a maneira mais fácil de identificar a fonte de uma resposta emocional condicionada é perguntar a si mesmo: "Quais situações ou circunstâncias de meu passado desencadeiam a mesma resposta emocional que estou tendo nesta situação presente?". No caso de Kim, ela viu imediatamente que o medo que sentia, quando os pais a repreendiam na infância, era o mesmo que experimentava ao falar com o supervisor. No de Raymond, a conexão não foi feita com tanta facilidade.

Raymond tinha duas crenças principais negativas que interferiam em sua habilidade de ver a si mesmo com clareza: "Preciso ser forte sempre" e "Não cometo erros". Por causa disso, ele inicialmente justificava suas reações dizendo que agira em razão da insensibilidade da noiva. Mesmo sabendo que isso não era inteiramente verdadeiro. Quando perguntei a ele sobre sua infância e apontei acontecimentos similares, ele reagiu com a mesma intensidade, só então deu-se conta de que reagia da mesma forma quando a mãe o criticava. Refletindo um pouco mais, percebeu que sua reação também se baseava no que aprendera com o pai.

ENXERGANDO O ELEFANTE POR INTEIRO

Até aqui vimos os quatro diferentes aspectos das emoções – o lado subjetivo, o físico, o mental e o espiritual – separadamente. As reações emocionais condicionadas nos permitem ver como esses quatro aspectos se inter-relacionam. Voltando à parábola dos cegos que encontraram um elefante pela primeira vez, citada no primeiro capítulo, está na hora de aprendermos a "enxergar" o elefante por inteiro [para entender como ele é de verdade]. À primeira vista, pode parecer que reações emocionais condicionadas envolvem apenas os aspectos físicos e subjetivos das emoções. No entanto, até mesmo reações mais simples, como as duas descritas no início deste capítulo, desenvolvem-se num contexto de crenças principais emergentes e numa atmosfera espiritual que afeta como a reação é desencadeada, e, por sua vez, também reforçam as crenças que a desencadearam.

A personalidade gentil e cordata de Kim e as experiências que ela vivenciou na infância, com pais excessivamente rígidos, produziram crenças principais que a fizeram se sentir inferior e incapaz de fazer qualquer coisa direito. Sua reação amedrontada a figuras de autoridade e os comportamentos associados a isso foram modelados por essas crenças e só fizeram reforçá-la. Tudo isso, mais tarde, mesclou-se com duas questões espirituais que limitavam a habilidade de Kim de estabelecer um relacionamento dinâmico com Deus.

À medida que trabalhava com essas duas reações emocionais condicionadas, aparentemente simples, Kim percebeu que o medo que sentia dos pais havia distorcido a imagem que tinha de Deus. A vida toda contemplara Deus como um pai zangado que estava à espera de que fizesse algo errado para que pudesse puni-la. Essa imagem com frequência causava uma culpa e vergonha desnecessárias que a impediam de vivenciar a alegria que uma vida cristã deve trazer. Tal distorção também a impedia de confiar em Deus e de acreditar que Ele a amava e se importava com ela de verdade.

Esse lado da vida espiritual leva certo tempo para ser curado. O primeiro passo é a simples percepção de que a experiência com seus pais terrestres tinham minado seu relacionamento com o Pai Celeste. Contudo, como já discutimos anteriormente, existe uma grande diferença entre saber alguma coisa e conhecê-la profundamente por meio da experiência.

Em um livro como este, é impossível listar todas as coisas que ajudaram Kim a ver a si mesma sob a perspectiva de Deus. Durante vários meses Kim orou regularmente pedindo a Deus para ajudá-la a separar a imagem Dele da de seus pais terrenos para que assim se sentisse segura e amada pelo Senhor seu Deus. Conforme lutava com essas questões, o Espírito Santo lhe revelou diversas passagens das Escrituras que nunca antes tinham tido apelo para ela. Um dos versículos que falou com Kim de uma maneira muito especial foi "Tão grande é o amor que o Pai tem por nós que fomos chamados filhos de Deus! E é exatamente isso que somos" (João 3:1). Kim memorizou o versículo e descobriu que ele a encorajava e confortava quando estava se sentindo fraca e insignificante.

Igualmente importante foi o desenvolvimento de um relacionamento íntimo com outros cristãos fiéis de sua igreja, que tinham corações compassivos e um relacionamento forte e positivo com Deus. Por meio deles, Kim vivenciou o que era, de fato, sentir esse amor incondicional. Com o tempo, ela percebeu que sua natureza gentil não era uma maldição, mas um dom que Deus queria que partilhasse com os outros. Experiências com fiéis que estavam passando por dificuldades lhe mostraram que sua natureza gentil e amorosa lhe permitia ministrar a palavra do Senhor de maneira que muitos outros não conseguiam fazer. Assim, Kim entendeu que, com a ajuda de Deus, poderia ser ousada e lutar pelo que queria quando isso fosse necessário. Todas essas experiências combinadas a ajudaram a sentir o amor de Deus em seu aspecto mais subjetivo.

Sempre que você pedir a Deus para ajudá-lo em uma questão pessoal e orar por isso regularmente, descobrirá que Ele lhe oferece uma ampla gama de possibilidades para amadurecer [em Seu amor]. O Senhor também lhe oferece os recursos de que precisa para tirar o máximo de cada oportunidade se deseja prosseguir no caminho da fé. Um exemplo da jornada de Kim ocorreu quando, em um domingo, ela foi convidada a colaborar no balcão de informações de sua igreja. Isso era um grande passo para alguém que não apreciava falar com estranhos, com medo de fazer ou dizer algo inadequado que os fizesse olhá-la com recriminação. Contudo, ela confiou que Deus estava guiando seus passos e lhe daria sabedoria e coragem para vencer o desafio. Assim que percebeu como Deus a ajudou a encontrar as palavras certas para tocar as pessoas de uma maneira muito positiva, Kim ganhou confiança e confirmou que o Senhor a criou para ser uma parte preciosa do Corpo de Cristo.

Como Kim, Raymond descobriu que a reação emocional condicionada com a qual estava lidando era associada às suas crenças principais negativas sobre o que deveria ser o comportamento de um homem. Além disso, ele identificou questões espirituais relacionadas à sua sensação de autossuficiência e ao orgulho que sentia de seu intelecto e talento. Essas atitudes e crenças o impediam de reconhecer os problemas de suas reações intempestivas. Entretanto, quando ele começou a trabalhar sua raiva como uma reação emocional condicionada à crítica, o Espírito Santo usou isso para torná-lo mais humilde e para mostrar como ele precisava de Deus. Enquanto lidava com a questão, Raymond também entendeu que dons e talentos são coisas que recebemos de Deus, não algo que desenvolvemos apenas por nosso próprio mérito, e que devemos usá-los para ajudar os nossos semelhantes.

Uma das experiências que mais ajudaram Raymond foi ver o quão grandioso é o poder da oração. Certo dia, quando faltou a sua sessão devocional matutina, ele percebeu com que facilidade voltava a assumir seus antigos padrões de comportamento. Nos dias em que passava o tempo necessário orando e pedindo a Deus que respondesse às suas preces, era nítido que seu comportamento mudava. Ainda que tivesse feito parte de uma igreja durante anos, sua nova experiência com a oração foi a chave para fazê-lo mudar e estabelecer um relacionamento dinâmico e íntimo com Deus.

O QUE ESTÁ ACONTECENDO, O QUE É REAL

Uma maneira simples, porém poderosa, de diminuir as reações emocionais condicionadas é usar uma abordagem de duas etapas que desenvolvi há algum tempo quando trabalhava com pessoas que estavam traumatizadas.

Etapa 1: Identifique situações que desencadeiam reações emocionais condicionadas.

Quanto mais claramente você identificar tanto as reações emocionais quanto as situações que a desencadeiam, mais bem-sucedido será. Com Kim ficou claro que a reação dela ao supervisor era uma reação emocional condicionada que ela desenvolveu como resultado do medo que sentia todas as vezes que seus pais ficavam bravos. No entanto, conforme pensava a respeito disso, lembrava-se de muitos incidentes em que professores e pessoas que considerava serem fortes ou autoritárias haviam desencadeado a mesma reação.

Etapa 2: Kim criou as seguintes afirmações para ler sempre que enfrentava situações que a deixavam ansiosa:

O que está acontecendo *é que estou tendo uma resposta emocional condicionada que se deve ao meu medo da raiva de meus pais.*

O que é real *é que estou prestes a encontrar meu supervisor. Ele não é meu pai ou minha mãe. É apenas meu superior. Estou segura. Vamos discutir rotinas do trabalho. Ele não vai gritar comigo ou me agredir. Ele é sempre muito profissional e gosta do meu trabalho. Esta sensação de ansiedade é apenas resquício do passado. Vai diminuir com o tempo. Deus me ensinou que "Tudo posso naquele que me fortalece" (Filipenses 4:13) e que se "O Senhor está comigo, nada me faltará" (Salmo 118:6).*

Quanto mais Kim repetia essas afirmações para si mesma, mais forte ficava e, com o passar do tempo, os encontros e reuniões com seu supervisor não eram mais tão assustadores quanto antes. Ela também passou a sentir a presença poderosa do Espírito Santo em sua vida, de uma maneira nova e completamente maravilhosa.

Reações emocionais condicionadas, em geral, estão relacionadas a crenças e a questões espirituais que precisam ser curadas. Toda vez que você identificar uma reação emocional condicionada interferindo em sua vida, reserve algum tempo para descobrir que crenças mundanas você tem seguido e o que isso revela sobre o seu relacionamento com Deus. Ainda que a técnica "o que está acontecendo, o que é real" possa ajudar a diminuir a intensidade de sua reação, a cura completa só acontece quando suas crenças principais e as questões espirituais associadas a elas forem solucionadas.

Apesar de ser possível alcançar um ponto em que as reações emocionais antigas fiquem dormentes, as "conexões" que as desencadeiam ainda estarão muito ativas e presentes. Em determinadas ocasiões, é possível que você tenha recaídas. Em geral, isso ocorre quando se está doente, estressado ou encarando um desafio maior. Nesses momentos, você deve seguir os mesmos passos do início de sua abordagem das respostas condicionadas. Essas recaídas, que o levam a repetir os velhos padrões, também são oportunidades que Deus lhe dá para alcançar um nível espiritual mais elevado, se você permitir que Ele o conduza [nessa jornada].

No caso de Kim, ela descobriu que mesmo que sua reação ao seu supervisor tivesse ficado mais amena e normal, em alguns momentos, quando havia certo grau de incerteza, sua reação ficava mais intensa. Nesses momentos, repetir suas frases do "o que está acontecendo, o que é real" de uma forma espiritualizada a ajudava a manter o controle. Segue um exemplo do que Kim costumava repetir para si mesma:

> Amado Deus, sei que o que estou sentindo agora é resultado de ter tido pais muito severos que não conheciam Sua bondade e me assustaram muito na minha infância. Cure esta área de minha mente e espírito, e deixe-me saber que o Senhor está me conduzindo nesta situação. Como Paulo, eu afirmo "Tudo posso naquele que me fortalece" (Filipenses 4:13).

Raymond, por sua vez, ao perceber que estava reagindo à sua noiva como se ela fosse sua mãe, passou a fazer duas coisas. Primeiro, lembrou a si mesmo de que precisava se calar quando ficava zangado e esperar algum tempo até se acalmar antes de falar. No início, até achou que precisava se desculpar porque assim não repetiria o velho comportamento. À medida que se acalmasse, usaria a abordagem do "o que está acontecendo, o que é real". Segue um exemplo do que Raymond costumava repetir para si mesmo:

> Quando era pequeno, aprendi com meu pai que se pode agredir primeiro e perguntar depois. Ao me tornar adolescente, passei a copiar o comportamento de meu pai. Ficava zangado e dizia coisas horríveis para minha mãe quando ela me criticava. Minha noiva não é minha mãe. Só me sinto assim porque sou muito sensível a críticas. O que ela disse foi simplesmente sua maneira de tentar me ajudar, não uma crítica à minha aparência.

Ao trabalhar suas reações, Raymond descobriu, como Kim, que elas apontavam para uma necessidade espiritual. Primeiro, ele notou que ainda nutria muito ressentimento por seus pais e que precisava perdoá-los pelos erros que tinham cometido. Também deu-se conta de que podia ser tão crítico como a mãe e tão zangado e descontrolado como o pai. Ao discutir isso com seu conselheiro cristão, conseguiu perceber que os pais tinham sido vítimas daquele mesmo erro quando crianças.

Finalmente, o ressentimento de Raymond transformou-se em tristeza pelas imperfeições do mundo que se refletiam em sua família e pelas bênçãos que tinham deixado de usufruir por causa disso. Além do aconselhamento cristão, Raymond compreendeu que era de grande valia discutir suas mágoas e dificuldades com pessoas que tinham passado ou passavam pelo mesmo problema. Da mesma forma que Kim, ele entendeu que dar uma dimensão espiritual à abordagem "o que está acontecendo, o que é real" a tornava muito mais poderosa e eficaz. Sempre que precisava, repetia coisas como:

> O velho padrão de me zangar e ficar agressivo está se manifestando. Senhor Deus, eu sei que o Senhor é mais poderoso do que esse padrão. Obrigado por me ajudar a superar isso e por curar minhas mágoas e tristezas por tudo o que vivi na infância. Ajude-me a ver minha noiva com Seus olhos e reagir a ela sempre com amor. Livre-me da ira que Satã usa para me manter preso ao passado.

SE NÃO ESTÁ QUEBRADO, NÃO PRECISA DE CONSERTO

Depois de ler o rascunho inicial deste capítulo, um amigo meu comentou que ele estava tendo dificuldade em identificar as reações emocionais condicionadas negativas descritas aqui. Esse amigo veio de um lar cristão muito amoroso e conheceu Cristo a vida toda. A esposa dele teve um lar igualmente cristão e bom. Assim, embora eles tivessem enfrentado dificuldades, nunca passaram por traumas como meus exemplos descrevem.

Se o mesmo acontece com você, provavelmente você também não terá grandes problemas com reações emocionais condicionadas negativas. Contudo, você ainda poderá identificar áreas de sua vida em que reações emocionais condicionadas são desencadeadas. Muitas delas serão positivas, como aquela sensação de paz e aconchego de quando você vai à igreja ou uma expectativa gostosa de quem espera por um acontecimento familiar prazeroso e feliz. Outras envolverão uma resposta apropriada a coisas destrutivas, como raiva quando alguém está ferindo ou magoando outra pessoa, ou tristeza quando alguém está se autodestruindo. Essa é maneira correta como as reações emocionais condicionadas devem funcionar.

Se você não identifica reações emocionais condicionadas negativas, pode significar apenas que elas não são um problema em sua vida. No entanto, você ainda pode olhar ao redor e ver muitos exemplos de como elas interferem na vida das pessoas que conhece. Saber disso pode ajudá-lo a se tornar mais compassivo e compreensivo quando vir alguém reagir no que parece ser uma maneira totalmente irracional.

Como no capítulo anterior, os exemplos deste e do próximo capítulo envolvem pessoas que vêm de lares com problemas e têm histórias conturbadas. Eles oferecem exemplos claros de reações emocionais condicionadas que estão causando problemas. Ainda que todos nós tenhamos reações emocionais condicionadas de um tipo ou de outro, poucos têm aquelas reações negativas intensas que causam problemas.

▸ ATIVIDADES RECOMENDADAS

PEÇA A DEUS QUE O AJUDE A RECONHECER
REAÇÕES EMOCIONAIS CONDICIONADAS
QUE VOCÊ PRECISA MUDAR

Uma vez que somos mestres em nos sabotar e em enganar a nós mesmos, com frequência é difícil perceber onde e em que precisamos mudar. Se você não está consciente das reações emocionais condicionadas que precisa mudar em sua vida, peça a Deus para revelar tudo o que você precisa saber. Não faça isso uma única vez, repita o pedido durante várias semanas. Se você se conscientizar de alguma reação emocional condicionada que precisa mudar, use as sugestões deste capítulo para lidar com essa reação bem como com as questões espirituais associadas a ela.

Certifique-se de rever a lista de crenças do mundo que aparece no Capítulo 5 e a das crenças principais negativas que aparece no Capítulo 6. Se o seu comportamento corresponde a uma ou mais dessas crenças, é fundamental mudá-lo.

Se você já identificou uma reação emocional condicionada, peça a Deus que o ajude a aplicar algumas das sugestões dadas neste livro em sua vida.

OLHE PARA AS RAÍZES DE SUAS REAÇÕES EMOCIONAIS

Ainda que suas conexões genéticas exerçam um papel fundamental na maneira como você lida com suas emoções, os hábitos que adquiriu ou desenvolveu enquanto crescia são igualmente importantes. Para a maioria das pessoas isso envolve uma mescla de emoções positivas e emoções negativas. O resultado é que elas lidam bem com algumas emoções e mal com outras. Neste exercício, é igualmente importante identificar suas forças e suas fraquezas.

Identifique modelos espelhados nas pessoas que o criaram/ educaram.
- Como as pessoas que o criaram lidavam com a tristeza, a mágoa e o despontamento?
- Como elas expressavam a alegria, a esperança, a ternura e o amor?
- O que você faz que é similar ao que elas faziam?

Identifique como a maneira que você lidava com as emoções quando criança o beneficiou.
- Como o lugar que você ocupava na família (*status*, ordem de nascimento, papel etc.) modelou a maneira como administra suas emoções?
- Como a maneira que administra suas emoções o protege ou lhe garante mais atenção?

Identifique respostas emocionais condicionadas
- Houve alguma ocasião nas últimas semanas em que você reagiu com emoções inapropriadas?
- Se a resposta for sim, qual foram essas emoções? Você conseguiu agir apropriadamente, apesar delas?
- Alguma dessas ocorrências pode ser considerada uma reação emocional condicionada?

Identifique crenças associadas a questões espirituais
- Que crença do mundo está relacionada a essa reação? (Reveja as listas dos Capítulos 5 e 6.)

- Existe alguma questão espiritual para a qual esta reação está apontando diretamente? Se existir, qual é ela?

CRIE SUA AFIRMAÇÃO PARA A ABORDAGEM "O QUE ESTÁ ACONTECENDO, O QUE É REAL"

Escreva uma afirmação simples para a abordagem "o que está acontecendo, o que é real". Siga o padrão descrito neste capítulo. Depois que tiver criado a sua afirmação, reserve algum tempo para orar para que sua reação emocional possa mudar e para que consiga superar as circunstâncias que deram origem a ela. Peça a Deus que lhe revele áreas de sua vida espiritual que foram afetadas e que levaram a tal reação.

Abaixo segue uma lista com diversas questões às quais você pode responder nesse processo de aprendizagem. Quando as responder, não dê a resposta "correta", aquela que todos pensam que deveriam dar; em vez disso, descreva suas crenças em relação a Deus, especialmente as que se refletem em seu comportamento e em suas reações emocionais. Como discutido no Capítulo 7, essa é a verdadeira janela da sua alma.

- Deus é confiável?
- Esse Deus é mesmo um Deus de amor?
- Deus, de fato, preocupa-se comigo?
- Posso contar com Ele?
- Será que Deus sempre me dará o que é melhor para mim?
- Tento manter o controle de minha vida ou entrego esse controle nas mãos de Deus?
- Apoio-me em minhas forças ou em Deus quando estou enfrentando desafios?

Tenha em mente que uma mágoa ou mácula espiritual arrasta-se por diversas semanas ou meses, algumas vezes até durante anos, antes que possa ser curada. Quanto tempo demorará vai depender da natureza desses ferimentos, de como você se dispõe a abordar a questão, do quanto está disposto a submeter-se à vontade de Deus e do quão comprometido está em descobrir o que a *Bíblia* diz sobre a questão que você enfrenta. Se estiver lidando com problemas profundamente arraigados que têm comprometido sua vida, você pode precisar da ajuda de um conselheiro cristão. Lembre-se de que eles são instrumentos que Deus usa para curar o Seu povo.

IDENTIFIQUE AÇÕES QUE PRECISA ADOTAR PARA MUDAR

Com frequência, curar-se de uma reação emocional condicionada requer a prática de comportamentos opostos àqueles associados a essa reação. No caso de Kim, ela descobriu que falar em grupo e dizer quando discordava de algo eram ações importantes que precisava colocar em prática. Raymond, por sua vez, percebeu que um pedido genuíno de desculpa, em vez de ficar tentando justificar seu comportamento, era importante para ajudá-lo a curar-se e a libertar-se de seu velho padrão de reação emocional condicionada.

À medida que considerar os comportamentos associados à sua reação emocional condicionada, liste aqueles que considera positivos e os que são o oposto de atitudes que teria tomado no passado. Então, pratique este exercício sempre que perceber que os velhos padrões estão vindo à tona outra vez.

CAPÍTULO 11

EMOÇÕES QUE SÃO TABUS

Durante a infância, muitas pessoas desenvolvem defesas para proteger-se das ameaças físicas e emocionais que enfrentam. Nesse processo, elas algumas vezes aprendem que certas emoções nunca devem ser experimentadas. Como adultas, protegem-se e fogem dessas emoções que consideram tabus. Por exemplo, um amigo mencionou a Jeremy que ele deveria ter ficado desapontado quando perdeu uma grande venda. Jeremy imediatamente fez uma piada sobre o assunto, riu e mudou de assunto. Mais tarde, em casa, enquanto assistia a um filme com sua esposa, ele começou a falar sobre trabalho e lembrou-se de algo que precisava de atenção imediata.

Neste capítulo, discutiremos como as emoções podem se tornar tabus, bem como de que maneira podemos nos reconectar a elas. Também veremos como, com frequência, essas emoções que são tabus sinalizam em direção a uma área de nossas vidas que precisa ser curada por Deus.

O QUE TORNA UMA EMOÇÃO INACEITÁVEL?

Quando olhamos para uma criança pequena vemos um caldeirão de emoções. Na realidade, uma de nossas primeiras lições comportamentais quando crescemos é aprender a controlar nossas emoções. Algumas vezes, aprendemos essa lição bem demais e certas emoções ficam tão controladas dentro de nós que se recolhem para nosso inconsciente.

153

Algumas crianças aprendem que certas emoções são inaceitáveis ao observar os pais e espelhar seu modelo de comportamento. Outras crescem em uma cultura em que existem fortes proibições de expressar determinadas emoções. Em alguns casos, a supressão de algumas emoções é necessária para a sobrevivência física ou emocional. Emoções que, em geral, costumam ser consideradas inaceitáveis dividem-se em três categorias generalizadas: raiva associada à definição de limites para você e para os outros; emoções ligadas às fraquezas; e emoções que tenham a ver com situações de intimidade. Vejamos alguns exemplos das diferentes maneiras como esses tipos de emoção podem se transformar em tabus.

Marcella cresceu num país devastado pela guerra civil. Pessoas que se opunham ou falavam mal do governo eram torturadas e mortas. Para sobreviver, ela aprendeu que deveria se manter sempre calma e calada em público. Aprendeu tudo isso ao ouvir que nunca deveria demonstrar qualquer resistência e ao observar o que acontecia com os outros que contrariavam tais princípios de conduta. Quando Marcella finalmente se mudou para um país seguro, ela continuou a se comportar como se algo mau pudesse lhe acontecer se falasse o que sentia.

O Capítulo 10 mostrou como Kim foi uma criança sensível que cresceu com pais muito severos. Quando ela ficava zangada, eles reagiam de maneira agressiva e a amedrontavam. Com o passar do tempo, Kim aprendeu a suprimir sua raiva para evitar a ira dos pais. Ainda que os pais nunca a tivessem agredido fisicamente, quando criança ela se sentia tão ameaçada quanto Marcela.

No Capítulo 3, falamos sobre Ramona, que sofria de síndrome do pânico. Ramona cresceu num lar onde se cometia vários tipos de abuso e por isso nunca aprendeu a expressar sua raiva ou descontentamento com as situações.

Jeremy, sobre o qual falamos no início deste capítulo, cresceu numa família em que a intimidade não era expressa livremente. Ele aprendeu com o pai que ser homem significava ser sempre forte e que nunca deveria demonstrar suas fragilidades e fraquezas. A verdadeira intimidade envolve tornar-se vulnerável e experimentar emoções associadas à nossa necessidade do outro. Para alguém que precisa ser sempre forte e estar no controle da situação, essas emoções representam fraqueza e, por isso, devem ser suprimidas.

Kara, que nunca conheceu o pai, passou anos sendo educada pela mãe emocionalmente ausente, que estava muito envolvida com drogas. Como qualquer criança, Kara queria estar mais próxima da mãe. No entanto, conforme tentava repetidamente aproximar-se, a mãe a rejeitava ou a tratava com indiferença, essa dor enorme passou a ser associada com a necessidade de intimidade. Com o tempo, Kara começou a ver os sentimentos associados à intimidade como uma ameaça e ficava ansiosa todas as vezes que eles surgiam.

Finalmente, Kara foi retirada de sua casa e passou o restante de sua infância em vários lares adotivos, com famílias que lhe dedicavam pouco ou nenhum amor. Já adulta, ela descobriu que situações de intimidade desencadeavam a mesma dor intensa que sentia ao ser rejeitada quando criança. Sempre que conhecia um homem que estava confortável com a intimidade emocional, e não apenas com a física, a ansiedade que experimentava a fazia agir de uma forma que acabava por colocar um fim àquele relacionamento. Depois de tudo, ela se perguntava por que sempre agia daquela maneira e repetia os mesmos padrões.

O PROBLEMA DE SE ESCONDER DE SUAS EMOÇÕES

No livro do *Gênesis* lemos que quando Deus criou Adão e Eva "eles estavam ambos nus e não sentiam nenhuma vergonha" (Gênesis 2:25). Se refletir um pouco sobre isso, verá que é uma afirmação um tanto chocante. O *Velho Testamento*, em geral, vê a nudez como vergonhosa e, portanto, como algo a ser evitado. Isso é especialmente verdadeiro no caso daqueles que estão se aproximando de Deus em adoração ou em sacrifícios. No entanto, ali no Jardim do Éden, onde o próprio Deus costumava ir para visitar Adão e Eva, eles estavam nus e não tinham vergonha. Como o relacionamento de Adão e Eva com Deus não estava manchado pelo pecado, eles não tinham necessidade de se esconder. Aliás, não havia nada a ocultar.

Como as coisas mudaram depois que o pecado se fez presente no meio de nós! Tal qual Adão e Eva, agora nós também escondemos nossos sentimentos, e quase tudo o que fazemos, dos outros, de Deus e até de nós mesmos. Cada vez que agimos assim, interrompemos a cura do que quer que estejamos tentando esconder.

Parte de se viver num estado de graça, preenchido pelo Espírito Santo, é aprender que não existe mais necessidade de nos escondermos de Deus. Precisamos ser capazes de ofertar vários aspectos de nossa mente e de nossas emoções a Deus, de maneira que Ele possa limpá-las e nos tornar o que fomos criados para ser.

Nos capítulos anteriores, você aprendeu que emoções positivas, em geral, são uma reação a necessidades atendidas, e emoções negativas costumam ser reações a necessidades não atendidas. Quando uma emoção se torna um tabu para nós, significa que somos incapazes de lidar diretamente com nossas necessidades. No entanto, como o gatilho que dispara essas emoções, ainda existe e exige nossa atenção, lidamos com elas inconscientemente. O problema é que, quando lidamos com emoções e necessidades de maneira inconsciente, a tendência é adotar atitudes de autodefesa que magoam os outros, em geral aqueles que estão mais próximos de nós.

Veja os exemplos da seção anterior. Marcella, Kim e Ramona com frequência eram incapaz de falar o que pensavam e de se defender, por isso não estabeleciam limites para os outros. Como resultado, Marcella ficou depressiva. Kim teve crises de ansiedade e Ramona desenvolveu síndrome do pânico.

Jeremy, por sua vez, não era capaz de lidar com suas fraquezas conscientemente, então as processava inconscientemente. Depois de perder uma venda importante, ficou zangado em situações que, em geral, não o incomodavam. Ele também se deu conta de que vinha magoando pessoas de quem gostava muito.

As dificuldades de Kara com a intimidade emocional a levaram a praticar atividades que ofereciam experiências intensas sem ter a necessidade de estabelecer um relacionamento emocional mais íntimo. Ela era muito ativa sexualmente, mas seus relacionamentos nunca duravam. Kara também tinha uma voz maravilhosa e cantava muito bem. Assim, adorava a atenção que recebia quando estava se apresentando. Apesar disso, quando nenhuma dessas duas coisas satisfazia sua necessidade inconsciente de intimidade e atenção, ela recorria às drogas para minimizar sua dor.

COMO IDENTIFICAR QUANDO EMOÇÕES TABUS SÃO SUPRIMIDAS

Há duas maneiras de evitar emoções tabus. A primeira é simplesmente encobri-las com uma emoção secundária diferente. Como as emoções tabus são uma ameaça, a raiva e a ansiedade são as duas emoções secundárias mais utilizadas para ocultá-las.

A segunda maneira de evitar sentir uma emoção inaceitável é distrair-se com alguma atividade, como fez Jeremy ao assistir a um filme com a esposa enquanto tentava lidar com seu conflito interior. Como você está usando uma reação automática e quase inconsciente para esconder uma emoção tabu, as emoções secundárias e os comportamentos de distração que usa, em geral, são inapropriados para lidar com a situação, como fez Jeremy ao ser confrontado com a perda que sofrera.

Com frequência, é preciso muita energia mental para suprimir uma emoção tabu, o que o deixa com pouca ou nenhuma energia para lidar com a verdadeira circunstância que a desencadeou. Uma vez que as reações associadas a emoções tabus são usualmente muito praticadas e quase inconscientes, elas tendem a ter uma natureza meio robotizada.

Um bom exemplo disso é a maneira como eu costumava reagir a situações embaraçosas quando jovem. Logo após ter me casado, minha esposa e eu nos mudamos para o Japão onde ensinei matemática e ciências em uma escola internacional durante dois anos. Como estávamos montando nossa casa por lá, íamos sempre a uma loja de departamentos. Depois de estarmos na loja durante algum tempo, eu ficava irritado e fazia comentários críticos sobre o que minha esposa dizia. Após diversas visitas à loja e de eu ter repetido o mesmo comportamento, ela finalmente me chamou a atenção para esse fato.

Ao refletir sobre o que estava acontecendo, percebi que ficava embaraçado porque eu sabia pouco japonês e não tinha ideia de como reagir de maneira culturalmente apropriada quando era abordado. Em minha família, evitar erros e estar sempre certo era algo muito importante. O embaraço diante da situação não era aceitável porque indicava que eu tinha feito algo errado, portanto eu encobria minha emoção tabu com a raiva e me distraía criticando minha esposa. Depois de perceber o que estava acontecendo, usei a abordagem relatada na próxima seção para mudar meu padrão de comportamento.

RECONECTANDO-SE ÀS EMOÇÕES TABUS

Ainda que demore um tempo, o processo de se reconectar às emoções tabus é um processo muito claro de três etapas. Ele demanda disposição para experimentar emoções que, a principio, podem ser dolorosas e desconfortáveis para você. O mais importante é liberar toda a sua energia mental e emocional e canalizá-la para a situação que está enfrentando, permitindo-lhe que o faça de maneira consciente. Isso o ajudará a escolher as ações mais efetivas para agradar a Deus, em vez de adotar reações automáticas e comportamentos de autopreservação. Isso também o ajudará a ouvir a voz de Deus com mais clareza, uma vez que a culpa, a vergonha e o medo associados com emoções tabus tendem a interferir em nosso relacionamento com Deus.

Desenvolva um vocabulário emocional

O primeiro passo para reconectar-se às emoções tabus é aprender a identificá-las corretamente. Pessoas que se sentem desconfortáveis com algumas de suas emoções costumam se esconder delas ao evitar palavras que descrevem as verdadeiras emoções. Eis quatro maneiras como isso costuma ser feito:

Palavras que descrevem seu estado mental

As pessoas costumam usar palavras que descrevem estados mentais em vez de palavras que falam das emoções que sentem. Por exemplo, uma pessoa pode dizer: "Sinto-me confusa". Quando se está confuso, não se consegue entender algo. E isso se refere ao estado mental. Como resultado dessa confusão você pode sentir raiva, ansiedade ou tristeza. No entanto, se focalizar seu estado mental, não precisará reconhecer as emoções subjacentes. Seguem alguns exemplos comuns do que costuma ser usado dessa maneira:

aturdido	confuso	enganado	intrigado
desnorteado	desconcertado	perplexo	chocado

Palavras que descrevem circunstâncias

Outra maneira de esconder-se das emoções é utilizar palavras que descrevem circunstâncias como se fossem emoções. Por exemplo, alguém pode dizer "Sinto-me frustrado". Frustração descreve uma circunstância em que não se consegue o que se deseja. Alguém pode dizer ainda "Sinto-me impotente". Isso descreve uma circunstância na qual não se tem a habilidade ou o poder de controlar as coisas, pois em geral elas estão além de seu controle. De novo, essas circunstâncias podem fazê-lo sentir raiva, tristeza ou ansiedade. Seguem alguns exemplos dessas palavras:

derrotado	frustrado	impotente	sem forças
abatido	inconformado	desanimado	debilitado
acabado	embaraçado	desapontado	vulnerável

Palavras que descrevem qualidades pessoais

Uma terceira maneira de esconder nossas emoções é usar palavras que descrevem qualidades pessoais para substituir aquelas que descrevem emoções.

Por exemplo, alguém diz "Estou me sentindo inadequado". Isso significa que a pessoa considera que não tem a capacidade necessária para fazer alguma coisa ou para estar em algum lugar. Ainda que os exemplos a seguir sejam similares aos anteriormente citados, quem adota este grupo de palavras tende a ver as circunstâncias mais como o resultado de uma deficiência pessoal do que os anteriores.

fracassado	inadequado	patético	fraco
desesperançado	inferior	inútil	incapaz

Palavras vagas

A quarta maneira de esconder emoções é usar palavras vagas que têm uma ampla gama de significados no lugar de palavras que identificam as emoções. Por exemplo, dizer "Isso é perturbador". A frase pode significar que quem a proferiu está passando por momentos difíceis ou experimentando emoções como raiva, ansiedade ou tristeza. Eis alguns exemplos de palavras usadas dessa forma:

emocionante	desconcertante	preocupante	angustiante
perturbador	intrigante	embaraçoso	

Como em quase todas as línguas; há uma infinidade de palavras para descrever as várias emoções que sentimos; é sempre bom começar com uma pequena lisa de palavras, como a apresentada a seguir:

Palavras que descrevem emoções positivas

afeiçoado	eufórico	amável	satisfeito
divertido	empolgante	alegre	sentimental
calmo	hilariante	apaixonante	sereno
charmoso	feliz	tranquilo	surpreso
prazeroso	gratificante	recompensado	emocionante
deliciado	encantado	relaxado	interessado
inebriado	prazeroso	aliviado	
extasiado	enlevado	romântico	

Palavras que descrevem emoções negativas

temeroso	desgostoso	furioso	frio
zangado	melancólico	desanimado	ultrajado
aborrecido	embaraçado	horrorizado	ressentido
ansioso	emocionalmente	humilhado	triste
envergonhado	exausto	magoado	indignado
chateado	cansado	desesperado	
esgotado	com inveja	irritado	
depressivo	amedrontado	enciumado	

Para pessoas que têm muito dificuldade de lidar com suas emoções, mesmo as listas acima são longas demais. Nesses casos, costuma ser útil começar com algumas poucas palavras: *felicidade, empolgação, alegria; medo e tristeza.*

Identifique as ocasiões em que as emoções tabus estão ativas

Como mencionado anteriormente, existem duas indicações que podem sinalizar quando você está reprimindo uma emoção tabu. A primeira é a reação que oculta a emoção tabu atrás de uma emoção secundária que parece um pouco desproporcional e inadequada. O riso de Jeremy e o fato de ele contar uma piada quando foi confrontado com a perda significativa de vendas é um bom exemplo disso. Seria apropriado ficar desapontado (uma forma de tristeza), zangado, e mesmo temeroso por perder a renda das vendas que lhe garantiam o cumprimento de suas obrigações financeiras. Meus comentários críticos quando estava na loja de departamentos japonesa são outro exemplo. O riso de Jeremy e minha irritação foram reações ilógicas e descabidas.

Ainda que qualquer emoção possa ser utilizada para bloquear e ocultar pensamentos ou sentimentos indesejados, a ameaça apresentada pelas emoções tabus, em geral, desencadeia raiva ou ansiedade. Reserve um momento para rever suas reações nos últimos dias. Houve ocasiões em que ficou zangado ou ansioso sem que existisse uma razão aparente para isso? Se houve, deve-se ter uma reação a uma emoção tabu que você não deseja sentir.

A segunda indicação é uma resposta exagerada e desproporcional, totalmente descabida para a situação. A tendência de Jeremy para fazer piada ou mudar de assunto indica que, para ele, aquela era uma situação emocional tabu.

À medida que observar suas emoções e comportamentos, fique atento às ocasiões em que você foge de uma situação mudando rapidamente de assunto, desviando o foco da atividade ou partindo sem uma razão clara para fazê-lo. Pode descobrir que uma sensação de ansiedade o acomete nessas ocasiões. Tenha em mente que ansiedade, normalmente, não é a emoção tabu *per se*, mas apenas uma reação à ameaça que a emoção tabu representa.

Comece a vivenciar as emoções tabus

Ao experimentar uma emoção tabu, pense no que estava acontecendo pouco antes de tentar ocultá-la atrás de uma emoção secundária. Com frequência, você ficará imediatamente consciente da emoção que não deseja sentir ou vivenciar. Se isso não acontecer, finja que está assistindo a um filme sobre si mesmo e pergunte: "O que as outras pessoas fazem em situações como essas?".

Assim que identificar a emoção tabu, ela substituirá o que quer que você estiver sentindo. É provável também que o deixe desconfortável: porém, depois que repetir isso diversas vezes, o desconforto passará. Se a emoção tabu estiver associada com problemas ou questões emocionais de seu passado, você também poderá recordar acontecimentos de sua infância quando sentiu a mesma coisa. Isso lhe dará a oportunidade de olhar para o ocorrido como adulto e de lidar com as emoções que podem ter sido muito difíceis de administrar quando ainda era muito pequeno.

Depois de identificar as situações que desencadeiam as emoções tabus, será mais fácil entender o que está acontecendo. Nesse momento, procure:

- Identificar as emoções que está sentindo.
- Identificar por que está sentindo essa emoção.
- Lembrar a si mesmo que essa emoção é normal e segura.
- Lembrar a si mesmo que você pode administrar essa emoção e escolher ações apropriadas para lidar com ela.
- Se for o caso, dizer como se sente e por que está se sentindo dessa maneira.

Retomando a história de minha experiência no Japão, descobri que uma vez tendo identificado o que estava acontecendo, eu poderia agir e mudar meu comportamento. Assim, sempre que me sentisse desconfortável em uma situação parecida, eu repetiria mentalmente o seguinte:

Estou embaraçado porque não consigo me comunicar da maneira que desejo e por não conhecer os costumes do lugar. Tudo bem me sentir embaraçado. Ainda que eu não goste, isso não vai me matar. Não preciso fugir nem atacar minha esposa.

A princípio, meu embaraço durava vários minutos. No entanto, depois de algum tempo, descobri que iria experimentar um *flash* de embaraço que passava rapidamente quando eu me sentia como um peixe fora da água.

Outro exemplo de como usei essa abordagem ocorreu quando iniciei minha prática de conselheiro e comecei a dar várias aulas. Algumas vezes, eu esquecia o que ia dizer. No início, eu tentava ocultar meu esquecimento e descobri que me desviava ainda mais do foco ao fazê-lo. Logo me dei conta de que, outra vez, esse era o resultado de meu embaraço por ter cometido um erro.

Depois dessa descoberta, comecei a lidar com a situação de maneira diferente. Eu declarava: "Esqueci o que ia dizer, mas vou me lembrar em um minuto". Então discorria sobre outra questão. Em consequência, percebi duas coisas muito boas: deixei de me sentir embaraçado por tentar esconder minhas emoções e, de fato, após alguns minutos lembrava-me do que queria dizer inicialmente.

Ao começar a identificar situações como essa, que desencadeiam emoções tabus, crie um texto curto com palavras que pode dizer a si mesmo em situações semelhantes no futuro. Além disso, reserve algum tempo para rever mentalmente a situação com a qual está lidando. Permita-se vivenciar a emoção tabu que vem tentando evitar. Então ensaie mentalmente a afirmação que criou e observe como ela minimiza a intensidade da emoção.

ADICIONE A DIMENSÃO ESPIRITUAL

Como acontece com tudo o mais, as emoções tabus têm um lado espiritual. Quando você tenta esconder algo de si mesmo, isso sinaliza em direção a uma área de sua vida em que a revelação de Deus e o poder do Espírito Santo precisam atuar. As crenças principais de Jeremy, de que ele sempre precisava ser forte e estar no controle da situação, não apenas influenciavam os relacionamentos dele, mas também o mantinham afastado de Deus. Aceitar as emoções que o faziam se sentir vulnerável permitiu que ele abordasse na prática as questões que havia identificado mentalmente.

Esse ponto importante, com frequência é pouco mencionado no processo de cura, mas continua sendo muito importante. No Capítulo 2, discutimos o quão essencial é o lado subjetivo das emoções para o processo de cura de todas as feridas e problemas emocionais. Jeremy já tinha identificado que, na infância, era constantemente ridicularizado quando cometia algum erro. Ele também sabia que sua família caótica o tinha levado a desenvolver uma necessidade excessiva de estar no controle da situação. Foi só quando lidou com as emoções tabus associadas com essas questões que a verdadeira mudança ocorreu.

Juntamente com as questões da infância, Jeremy começou a perceber o quão difícil para ele era confiar em Deus. Conforme abria seu coração para o Espírito Santo, ele sentiu que, finalmente, era capaz de ter um relacionamento mais íntimo com Deus.

No meu caso, meu embaraço era desencadeado pela necessidade de sempre ter a resposta certa na ponta da língua. Quando comecei a estudar a *Bíblia* e a passar mais tempo em oração e meditação, descobri que era difícil para mim reconhecer minhas fraquezas. Meu orgulho e minha arrogância precisavam ser substituídos pela humildade.

As palavras descritas em Mateus 5:3-10 foram de grande conforto para mim quando orei para que Deus me ajudasse a resolver essa questão. Trata-se do início dos ensinamentos de Cristo, quando ele estabeleceu os fundamentos do reino de seu povo. A primeira mensagem tem um significado especial para mim: "Abençoados são os pobres de espírito, porque deles é o reino dos céus" (versículo 3). Aprendi que a palavra grega para pobre é *ptochos*, também usada para descrever alguém na mais extrema miséria, destituído de qualquer posse e que depende dos outros para sobreviver.

Deus me mostrou que eu precisava desesperadamente ser o "pobre" nesse sentido. Precisava abdicar de minha autossuficiência e reconhecer a total falência e inexistência de poder e força para aqueles que estão distantes de Cristo. Ainda que eu esteja muito melhor agora para reconhecer minha total dependência de Deus do que estava naquela época em que aceitei Cristo, essa ainda é uma questão com a qual preciso lidar.

Sempre que identificar uma emoção tabu, perceba que ela com frequência sinaliza que existe uma mágoa do passado e/ou traços de seu caráter que precisam ser curados. É provável que essas mágoas ou problemas de caráter estejam interferindo em seu relacionamento com Deus. Reserve algum tempo para orar e pedir a Ele que lhe mostre o lado espiritual dessa questão e o que precisa ser curado em você. Quando conseguir identificar o que o está impedindo de se aproximar de Deus, encontre versículos que abordem o assunto e passe algum tempo refletindo sobre eles.

No fechamento deste capítulo, também gostaria de lembrá-lo de que suas feridas emocionais mais profundamente arraigadas, em geral, levam mais tempo para serem curadas. Afinal, em muitos casos você tem evitado cuidar delas durante anos. É provável que você descubra que os efeitos de marcas tão antigas continuarão a ressurgir de tempos em tempos – mais frequentemente quando você estiver doente, estressado, cansado por causa de algum acontecimento. Nessas ocasiões, retome as ações que adotou quando lidou com o problema pela primeira vez. Mais importante ainda, passe algum tempo extra pedindo a Deus que redobre suas forças.

SUGESTÕES PARA EVITAR LEMBRANÇAS PERTURBADORAS

Este capítulo mencionou que emoções tabus costumam originar-se na infância a partir de acontecimentos que tornam essas emoções perigosas ou inaceitáveis. Como os acontecimentos associados às emoções tabus são dolorosos, eles são reprimidos. Assim, é comum recordar-se de experiências da infância quando as emoções tabus são conscientemente vivenciadas pela primeira vez. Quando você tem a coragem de reviver esses acontecimentos da infância e reinterpretá-los da perspectiva de um adulto, eles deixam de ser uma ameaça. Assim que tiver feito isso, as emoções tabus serão desencadeadas com menos frequência pelas situações presentes que se assemelham àquelas do passado.

Se isso parece muito assustador para você, por ter vivenciado abusos ou traumas severos, procure ajuda especializada. No entanto, muitas pessoas consideram as orientações listadas a seguir de grande ajuda para lidar com os acontecimentos dolorosos que vivenciaram na infância.

Dê a si mesmo algum tempo para lidar com as lembranças dolorosas que surgirem

Quando lidar com lembranças dolorosas da infância, precisa dar a si mesmo um pouco de paz e privacidade. Se estiver em uma situação ou local em que seja impossível explorar as lembranças que afloram, como em seu trabalho, repita para si mesmo uma afirmação como a listada abaixo:

Isso é apenas uma lembrança do passado. Sou adulto agora. Ela não pode me fazer mal ou controlar minhas emoções. Lidarei com isso mais tarde. Neste momento preciso me concentrar na tarefa que tenho em mãos.

Depois, encontre algo para fazer que o distraia. Certifique-se de revisitá-las mais tarde quando tiver tempo para refletir melhor sobre o que aconteceu. Não continue a ignorar o que houve nem a reprimir as lembranças que teimam em aflorar. Se elas estão insistindo em reaparecer sempre, é porque você precisa lidar com a questão o quanto antes. Se não o fizer, continuará tendo problemas, em geral, nos momentos mais inconvenientes. É mais sábio lidar com o assunto no momento e local que você escolher.

Recorde as três verdades sobre acontecimentos dolorosos na infância

À medida que lembrar o que houve, recorde-se das três verdades sobre acontecimentos dolorosos na infância:

- Isso aconteceu no passado. Não faz parte do presente.
- As circunstâncias nunca mais se repetirão como antes. Seja específico sobre por que isso é verdade. Por exemplo, pode ser porque as pessoas envolvidas na experiência já estejam mortas ou não façam mais parte de sua vida.
- As coisas são diferentes agora. Você é adulto e tem opção de escolha, bem como a habilidade de proteger e defender a si mesmo. Seja específico: "Como adulto posso dizer não, posso me afastar do perigo e posso pedir ajuda para garantir minha proteção e segurança".

Reinterprete a lembrança da perspectiva de um adulto

As crenças e os pensamentos associados com lembranças dolorosas da infância são aquelas de uma criança. Pergunte a si mesmo "Como Cristo vê esses acontecimentos?". Então, recorde-se da resposta quando estiver considerando os eventos que lhe causaram tanta dor. Se precisar lidar com fatos muito traumáticos, geralmente é de grande ajuda escrever uma afirmação sobre tudo o que conseguir se lembrar. Eis um exemplo do que Kara criou em resposta às lembranças que ela tinha de ser sempre deixada sozinha:

> *Eu costumava pensar que era deixada sozinha porque havia algo errado comigo – que era impossível alguém me amar. Mas eu era deixada sozinha porque minha mãe era uma dependente química e era incapaz de cuidar de uma criança. Não era isso que Deus queria. O plano de Deus era me dar pais amorosos, mas como vivo em um mundo corrompido pelo pecado e pelo mal, fui maltratada quando criança. Isso nunca foi culpa minha. Deus me ama. Ele demonstrou isso ao mandar Jesus Cristo, que morreu por mim (João 3:16). Também demonstrou isso ao colocar pessoas que me amam em minha vida. Louvo a Deus por que Ele está me ajudando a ver o imenso amor que tem por mim e o grande valor que Ele dá a minha vida (João 3:1; Romanos 8:38-39).*

VOCÊ NÃO PRECISA FAZER ISSO SOZINHO

Se a qualquer hora você deparar com emoções ou lembranças que julgar muito assustadoras, procure ajuda. Encontre pessoas que Deus possa usar para aliviar um pouco seu fardo (veja Gálatas 6:2) e ajudá-lo no processo de cura. No Apêndice 3, listamos algumas dicas e orientações para se encontrar um bom conselheiro espiritual.

▸ ATIVIDADES RECOMENDADAS

USE LINGUAGEM PRECISA PARA FALAR OU PENSAR SOBRE CIRCUNSTÂNCIAS E EVENTOS

Este capítulo discute quatro maneiras que as pessoas evitam usar palavras para descrever emoções, substituindo-as por palavras que descrevem estados mentais, circunstâncias, qualidades pessoais – ou simplesmente palavras vagas. As palavras listas nos exemplos podem ser apropriadas se usadas corretamente. Seguem algumas dicas de como fazer isso:

Palavras que descrevem seu estado mental
A maioria das palavras listadas para esta categoria descreve algum grau de confusão. Para uma pessoa que deseja estar no controle ou sentir-se sempre certa, isso pode ser muito assustador. Contudo, sempre encontramos situações que não entendemos. Quando isso acontecer, diga claramente. Veja exemplos de como fazê-lo:

Em vez de dizer:	*Diga:*
Estou me sentindo perplexo.	Isso me deixa perplexo ou Estou perplexo.

Em vez de dizer:	*Diga:*
Estou me sentindo confuso.	Estou confuso ou Isto me confunde.

Palavras que descrevem circunstâncias

A maioria das palavras listadas para esta categoria descreve circunstâncias em que se perde a habilidade de realizar o que se deseja ou se falha na execução de determinada tarefa. Volto a repetir: isso é normal, faz parte da vida. Não há vergonha em admitir um erro ou engano. Além disso, confessar suas falhas e fraquezas ajuda a aproximá-lo e a confiar mais em Deus do que em si mesmo. Veja alguns exemplos de como usar as palavras de maneira mais apropriada:

Em vez de dizer:	*Diga:*
Estou me sentindo frustrado.	Isso me deixa frustrado ou Estou frustrado.
Em vez de dizer:	*Diga:*
Estou me sentindo impotente.	Estou impotente ou Isso me deixa impotente

Palavras que descrevem qualidades pessoais

As palavras listadas para esta categoria são, em geral, utilizadas para descrever alguém sob uma perspectiva negativa. Isso é especialmente verdadeiro para pessoas que têm uma autoimagem negativa, para as quais as palavras são um reflexo de suas crenças principais. Assim, em vez de "Estou me sentindo um fracasso", elas querem dizer "Sou um fracasso".

Se você escolher uma dessas palavras, é importante não utilizá-las como se fossem um rótulo para explicar/descrever o que você acha que é. Limite-se a descrever um acontecimento específico. Melhor substituir uma palavra negativa por outra mais positiva. Veja alguns exemplos de como pode fazer isso:

Em vez de dizer:	*Diga:*
Estou me sentindo um fracasso.	Falhei nesta tarefa ou Não fiz o que desejava nesta tarefa.
Em vez de dizer:	*Diga:*
Estou me sentindo desalentado.	Esta situação me deixa desalentado ou Esta situação não desenrolou/funcionou como eu desejava.
Em vez de dizer:	*Diga:*
Estou me sentindo inadequado/incapaz.	Não consigo fazer isso ou Não consigo fazer isso como gostaria.

Palavras vagas
　Em geral, é bom evitar palavras vagas como as listadas neste capítulo. A exceção fica por conta de situações em que não é adequado revelar muito sobre isso mesmo. Isso inclui eventos sociais em que as pessoas simplesmente não estão interessadas em detalhes de sua vida; e também ocasiões em que se está lidando com pessoas que não são confiáveis.
　Alguma das frases sugeridas o deixou desconfortável? Se a resposta for sim, é porque se trata de algo que você precisa praticar e entender melhor. Tente descobrir por que a frase o incomodou. Ou, então, peça a Deus que o ajude a ver por que reagiu dessa maneira. Uma vez que tiver identificado a razão de sua reação, reveja a lista de suas crenças principais destrutivas no Capítulo 6. Identifique aquelas que possam contribuir para sua reação.

PRATIQUE IDENTIFICAR AS REAÇÕES
CORRETAMENTE

　Reveja sua lista de palavras que descrevem emoções positivas e negativas pelo menos uma vez por semana. Pratique um pouco e utilize o que aprendeu em seu dia a dia e faça os exercícios deste livro.
　Toda vez que se sentir aborrecido, reserve um momento para identificar as emoções que estiver experimentando. Tão logo o tenha feito, identifique também a necessidade ou desejo que está gerando sua reação e decida qual a melhor atitude para resolver o problema. Tenha em mente que se estiver doente, com fome, magoado ou estressado é melhor esperar um pouco antes de agir. Continue a praticar e a identificar as emoções até que isso se torne natural e fácil de fazer.

IDENTIFIQUE EMOÇÕES TABUS
QUE POSSAM INTERFERIR EM SUA VIDA

　Reserve algum tempo para refletir sobre seu comportamento nas últimas semanas e para identificar todas as vezes que experimentou emoções inapropriadas ou agiu de maneira inadequada em determinada situação. Após identificar algumas dessas ocasiões, tire algum tempo para descobrir qual emoção tabu está associada a sua reação emocional tabu. Eis alguns exemplos do que pode se perguntar:

- Algum de meus pais reagia dessa maneira?
- Como meus pais reagiam quando eu demonstrava essa emoção?
- Alguma vez alguém me falou sobre esse tipo de emoção?
- Existem acontecimentos no meu passado que me fizeram não querer sentir essa emoção outra vez?
- O que acredito sobre esse tipo de emoção?

Após identificar a emoção tabu, escreva uma pequena afirmação, similar aos exemplos dados neste capítulo, que poderá usar para reconectar-se com essa emoção. Também certifique-se de identificar a questão espiritual para a qual essa emoção aponta. Se for uma tarefa difícil, peça a Deus que abra seus olhos para o que precisa aprender. Uma vez que tiver conseguido identificar a questão espiritual, ore e peça a Deus que cure essa área de sua vida. Você pode precisar falar com alguém sobre o assunto. Também é importante ler algumas passagens da *Bíblia* relacionadas ao problema. Seguem exemplos de questões associadas a emoções tabus:

abandono	intimidade	cometer erros	segurança
perigo	perda de poder	valor pessoal	sexo
desaprovação	ou posição	prazer	sucesso
fracasso	social	rejeição	incerteza

Como mencionado anteriormente, se a questão identificada lhe parecer assustadora demais, procure ajuda especializada. No Aapêndice 3 deste livro, existem dicas e orientação de como encontrar um bom conselheiro espiritual.

REINTERPRETE LEMBRANÇAS DOLOROSAS DESENCADEADAS POR EMOÇÕES TABUS

Este capítulo abordou emoções tabus que são frequentemente associadas a acontecimentos da infância. Também deu dicas de como trabalhar esse tipo de lembranças dolorosas para que elas não mais sejam o gatilho emocional que desencadeiam emoções e atitudes que você quer controlar. Se precisar focalizar no presente, trabalhe suas lembranças mais tarde, assim que tiver oportunidade de fazê-lo com serenidade e calma.

CAPÍTULO 12

A VERDADEIRA CURA EMOCIONAL

No primeiro capítulo do *Gênesis*, aprendemos que depois que Deus criou o homem. Ele ordenou: "Deem frutos e aumentem o número de sua prole, para encher a terra e povoá-la" (Gênesis 1:28). A Ciência tem tido um importante papel no processo de "povoar a terra", como atestado pelas maravilhas das descobertas modernas e pelo fato de nossa vida ser muito mais confortável do que a de nossos ancestrais. No entanto, em nosso mundo tecnológico, é fácil esquecer de que o que vemos não é tudo o que existe.

Da mesma forma que somos cercados por sinais de rádio e televisão que não podemos ver, somos parte de um mundo espiritual que nos circunda e interage conosco diariamente, mas que não vemos. Como Paulo afirma: "Nossa luta não é contra a carne e o sangue, e, sim, contra os principados e potestades, contra os dominadores deste mundo tenebroso, contra as forças do mal, nas regiões celestes" (Efésios 6:12). Assim, ainda que a medicina moderna e a psicologia tenham encontrado muitas maneiras de ajudar as pessoas, sempre falta algo quando nos apoiamos apenas na sabedoria humana para solucionar nossos problemas.

Deus me deu um exemplo claro disso recentemente. Durante um estudo bíblico, meu amigo Warren descreveu um pouco de sua experiência com uma terapeuta que estava trabalhando com um garoto de 9 anos que ele desejava adotar. O garoto estava em terapia havia um ano a fim de aprender a lidar com sua intensa raiva. Ele tinha tido uma vida muito difícil em seus primeiros 8 anos e sua raiva manifestava-se em diversos problemas comportamentais. Quando Warren começou a trabalhar com ele como seu pai adotivo, assumiu um papel em sua vida e passou a fazer parte da terapia também. Durante nosso estudo bíblico, Warren falou de sua experiência de vivenciar uma abordagem baseada apenas na sabedoria humana e de uma baseada na visão de Deus e conduzida pelo Espírito Santo.

Warren falou da terapeuta como sendo uma pessoa carinhosa, doce e bem preparada para o trabalho. No entanto, ela via Deus apenas como uma palavra que era usada para falar de coisas boas. Como resultado, costumava dizer coisas como: "Existe um lado bom em todos nós, portanto Deus está em todos. Ele está ao nosso redor. Ele está na natureza que nos circunda". Conforme trabalhava com o garoto, Warren lhe propiciou o amor e os cuidados de um pai amoroso e dedicado, e também usou as Escrituras e muitas preces para ajudá-lo a ver a si mesmo e aos outros como Jesus via. A transformação foi surpreendente.

Em nosso encontro, Warren citou uma conversa que teve com a terapeuta em que ela expressava como estava surpresa com a mudança profunda ocorrida na criança desde que passara a viver na casa de meu amigo. Ela pediu a Warren que partilhasse o que estava fazendo de diferente dos outros pacientes com filhos na mesma situação. Meu amigo explicou: "Simplesmente vivemos nossa vida de acordo com a Palavra de Deus – não apenas ouvindo e reproduzindo o que é dito, mas vivenciando na prática o que Ele nos ensinou". Como usualmente acontece com aqueles que não conhecem o poder de cura do Senhor, foi impossível para a terapeuta entender que aquilo era a mais pura verdade. A resposta lhe pareceu simples demais.

O que, com frequência, as pessoas não entendem, tanto na medicina como na terapia, é que a cura completa e verdadeira requer a cura não apenas do corpo, mas também do espírito e da alma. Foi isso que a terapeuta do filho de Warren não compreendeu. Na realidade, é impossível para alguém que não tenha renascido em Cristo entender o poder de cura de Deus. Como Paulo afirma: "O homem que não conhece o Espírito não aceita o que vem do Espírito Santo, pois para ele isso é tolice que não pode ser compreendida" (1 Coríntios 2:14).

Todas as lutas que enfrentamos têm uma dimensão espiritual. Como discutimos nos capítulos anteriores, nossas lutas revelam nosso nível atual de maturidade e nos oferecem oportunidade para crescermos espiritualmente, bem como para avançarmos nos planos que Deus tem para sua criação. Abordar o lado espiritual, com frequência, é a chave para solucionar – ou nos casos mais crônicos, para controlar – efetivamente muitos problemas físicos, mentais e emocionais. Infelizmente, costumamos enfrentar nossas lutas sem considerar a dimensão espiritual delas.

Quando iniciei minha carreira de terapeuta e conselheiro, eu estava afastado da igreja desde a infância e trabalhava de uma perspectiva puramente secular. Depois de alguns anos, comecei a frequentar a igreja local, renovei meu compromisso com Cristo e passei a integrar uma perspectiva bíblica ao meu trabalho de aconselhamento. Também comecei a ouvir testemunhos de como o Espírito Santo havia curado as emoções destroçadas de pessoas sem precisar usar medicamentos ou técnicas psicológicas.

Por favor, não interprete minhas palavras de forma equivocada. Não abandonei tudo o que aprendi na universidade. Descobri que existem muitos medicamentos modernos e técnicas que são de grande ajuda para quem precisa deles. O que estou dizendo, porém, é que a verdadeira cura vem de Deus, e se dá por intermédio do Espírito Santo. Medicamentos modernos e técnicas psicológicas podem desempenhar um importante papel para curar emoções destroçadas. No entanto, a cura do espírito de que a pessoa necessita precisa de mais do que apenas curar o corpo ou mudar o que se acredita. Questões espirituais como o medo aterrador da morte ou uma vergonha constante, um coração rancoroso envolvem ressentimentos profundos ou um passado de mágoas e de relacionamentos abusivos que só podem ser verdadeiramente resolvidos com a ajuda de Deus. Qualquer cura psicológica ou física não será completa se não abordar e solucionar os problemas de nossa natureza pecaminosa e nos ajudar a nos aproximar de Deus e do que Ele deseja para nós.

Ao longo dos anos, trabalhei com muitas pessoas tanto na prática privada quanto em grupos patrocinados pela igreja. Nos dois cenários, e em testemunhos de amigos fiéis, vi a cura de Deus agindo em uma ampla variedade de problemas, que incluíam desde questões como sentimento de culpa e vergonha até problemas como síndrome do pânico e crises severas de ansiedade. Algumas vezes, essa cura era conseguida com a ajuda de terapia; outras, com o auxílio de medicamentos. Deus usa vários meios para alcançar e curar o Seu povo. No entanto, os elementos-chave para aqueles que foram verdadeiramente curados foram a combinação de uma sincera devoção aos ensinamentos de Cristo, oração pessoal, estudos bíblicos e uma participação ativa numa igreja formada por fiéis verdadeiros. Seguem dois exemplos de alguns amigos meus, J. W. e Cricket, descritos nas palavras deles.

Meu pai era um homem que cometia muitos abusos. Pequenas coisas bastavam para tirá-lo do sério. Ele costumava surrar minha mãe e os filhos quando ficava zangado. Depois que fazia isso ele desaparecia por diversos dias e então voltava para casa como se nada tivesse acontecido. Meu pai nunca discutiu esses seus rompantes de raiva conosco e anos mais tarde chegou até a negar que tivessem acontecido.

Quando tomei a decisão de aceitar Cristo em minha vida, uma das questões com as quais Deus me fez lidar foi a de meu relacionamento com meu pai. Eu não falava com ele e devolvia todos os presentes de Natal e aniversário que me enviava. Ainda que o perdão dentro de mim fosse uma jornada com muitos altos e baixos, ajudou a me tornar uma pessoa melhor. Ao perdoar meu pai por todos os pecados que ele cometeu, aprendi a perdoar a mim mesmo e a aceitar a graça de Deus oferecida por meio de Cristo. O ódio e ira são armadilhas que entreguei totalmente na mão de Deus e não quero mais ver. Fui abençoado com um relacionamento maravilhoso com meu pai durante os últimos dez anos da vida dele e percebi que isso foi um grande presente que Deus me deu por meio de meu perdão e amor. Deixei a amargura e o sofrimento para trás e ganhei a paz e um relacionamento mais profundo e verdadeiro com minha esposa e meus filhos. Deus me tornou uma pessoa melhor ao me ensinar a perdoar.

J. W.

Quando nasci, minha mãe me rejeitou. Como meu pai estava doente quase morrendo, recebi pouca atenção. Finalmente ela abandonou a mim e a meus dois irmãos. Meu pai fez o que pôde por nós até que morreu quando eu tinha 2 anos.

Nós três rodamos todo o sistema de adoção do condado de Sacramento. Foi uma época muito difícil para mim e para os meus irmãos, que foram levados para orfanatos, mas eu fui deixada para trás. A semente da rejeição foi plantada muito cedo em mim. Um ano mais tarde, minha avó conseguiu nossa custódia e ficamos com ela até eu completar 7 anos.

Então fomos mandados de novo para minha mãe, um padrasto e três outras crianças. Durante toda a minha infância, minha mãe deixou claro que não gostava de mim. Ainda que não houvesse abuso físico, os abusos verbais constantes me impediam de gostar e de confiar em mim mesma.

Aos 18 anos sai de casa e conheci o mundo adulto. Tinha frequentado a igreja quando criança, pois minha avó nos levava. Como adulta passei a ir à igreja com meu namorado. Depois que terminamos, parei de ir.

Quando estava para me casar quis que um pastor de verdade celebrasse a cerimônia, então comecei a procurar por um. Fomos convidados a participar dos serviços de uma igreja, a mesma que frequento até hoje. Conhecemos o pastor e durante a visita ele me fez uma pergunta que nunca ninguém tinha feito antes: "Você aceita Jesus em seu coração?". Naquela noite eu aceitei e meu mundo mudou significativamente.

Em 1978 eu engravidei de meu primeiro filho. Durante a gravidez fiquei em casa e passei grande parte do tempo estudando a Bíblia. Mal sabia eu que estava me preparando para as dificuldades que estava prestes a enfrentar. Meu filho nasceu com uma grave deficiência e meu mundo virou de cabeça para baixo. A oração, meu maior esteio, e minha família da igreja são o que me dão sustentação. Minha mãe rejeitou meu filho completamente, da mesma forma que fez comigo. Foi muito doloroso.

Muitos anos se passaram e eu continuei lutando para encontrar a paz que só o Espírito Santo poderia me propiciar. Ao procurar Deus por meio da oração, do aconselhamento de amigos cristãos e dos estudos bíblicos, a paz e a cura que tanto busquei finalmente me tocaram. Aprendi a amar incondicionalmente. Primeiro aprendi a amar a mim mesma para que pudesse amar aos outros também. Aprendi a perdoar e a entregar a Deus as coisas em minha vida que são muito dolorosas para suportar sozinha.

Antes de eu conhecer Cristo era muito amarga e confusa. Não confiava em ninguém. Depois que aceitei o Senhor e O tornei parte de minha vida, tudo mudou. Tem sido uma longa jorna-

da, mas uma jornada da qual nunca me arrependi. Minha vida nunca foi fácil, mas é cheia de aventura e de surpresas.

Apenas Deus e o Espírito Santo podem remover o lixo da vida de alguém e transformá-la numa grande festa. Os primeiros dois versículos bíblicos que memorizei foram: "Buscai primeiro o reino de Deus, e a Sua justiça e as demais coisas vos serão acrescentadas" (Mateus 6:33); e também: "Sabemos que todas as coisas contribuem para o bem daqueles que amam a Deus" (Romanos 8:28). Essas são duas passagens que têm sido meu amparo em todos os desafios que enfrento. Viver na graça de Deus e ter minha família da igreja, frequentar os serviços de louvor e orar regularmente me trouxeram a cura que eu nunca teria conseguido de outra maneira.

Cricket

Quando olhar para seus problemas emocionais, tenha em mente que o objetivo não é apenas aliviar a dor pessoal que eles causam ou os problemas que eles suscitam em seus relacionamentos e vida diária. O objetivo maior é torná-lo mais parecido com Cristo. A cura que receber será uma bênção para glorificar a Deus e aos outros. Nesse processo você descobrirá que a cura é muito maior e mais profunda do que seria possível imaginar. "Nem os olhos viram, nem os ouvidos ouviram, nem jamais penetrou o coração humano, o que Deus tem preparado para aqueles que O amam" (1 Coríntios 2:9).

SEIS PASSOS PARA ADMINISTRAR AS EMOÇÕES DE MANEIRA EFETIVA

Antes de encerrar, gostaria de dar algumas orientações gerais sobre como lidar com emoções difíceis de uma maneira que glorifica a Deus. Essas orientações devem ser seguidas em momentos que você experiencia emoções assustadoras ou intrigantes, ou quando reage de forma autodestrutiva diante de uma situação. Certifique-se de pedir a Deus para abrir seu coração e sua mente para o que Ele tem a dizer, antes de começar.

Passo 1: O que estou sentindo?
Identifique claramente a emoção que o domina. Certifique-se de usar palavras que descrevam emoções verdadeiras como explicado no Capítulo 11. Se estiver lidando com um comportamento inadequado, identifique o que sente antes de reagir. Se for muito difícil para você, reserve algum tempo para rever o capítulo 11, o qual aborda esse assunto detalhadamente.

Passo 2: O que desencadeia essa emoção?
O Capítulo 5 descreve como a maioria das emoções é uma reação a necessidades e a percepções de ameaça ou perigo que vivenciamos. Uma vez que tiver identificado o que sente, a maneira mais fácil de reconhecer a necessidade ou o desejo que desencadeou essa emoção é perguntar a si mesmo; "O que desejo nesta situação?" Conforme descrever o que gostaria que acontecesse, observe as necessidades específicas que foram frustradas ou a perda que sofreu.

Passo 3: Minha reação emocional foi apropriada?
Ao responder a esta questão, primeiro decida se a reação que teve foi lógica e adequada. Se houver uma ameaça real, então certo grau de raiva e medo é apropriado. Se houve perda, a tristeza é apropriada.

Em seguida, pergunte a si mesmo se a intensidade da emoção estava adequada. Se a reação emocional foi lógica e a intensidade da reação adequada, passe ao próximo passo. Se não, faça as seguintes perguntas a si mesmo:

- Existe alguma necessidade oculta por detrás dessa reação, como a busca por vingança?
- Será que meu pensamento está sendo conduzido por alguma mentira mundana como aquelas descritas no Capítulo 5?
- Será que crenças principais negativas, como as descritas no Capítulo 6, tiveram parte nele?
- Será que essa emoção está apenas encobrindo uma emoção tabu, como as descritas no Capítulo 11? Se for assim, o que são emoções tabus?

Passo 4: As ações que tomei foram apropriadas?
Na maioria das vezes, apenas perguntar a si mesmo "Meu comportamento glorificou a Deus de alguma maneira?" já é suficiente. No entanto, se não estiver certo disso, fale com alguém que seja madura no Senhor. Pode ser um amigo fiel ou o pastor de sua igreja. Um olhar objetivo de uma terceira pessoa também pode ser útil para desvendar seu comportamento mais claramente.

Passo 5: O que Deus deseja que eu aprenda com isso?
Como somos especialistas em racionalizar nossas reações, este, em geral, é o passo mais difícil. No entanto, se fizer essa pergunta a Deus com toda a honestidade e de todo o coração, compreenderá o que Ele quer que você aprenda. Infelizmente, quase sempre não gostamos da resposta e nos recusamos a ouvir. Permita que Deus o conduza e o ajude a curar aquela área de sua vida que o mantém afastado Dele. Esse processo muitas vezes envolve medo, orgulho, ressentimento, mágoas ou pecados que você reluta em abandonar.

Passo 6: Existe alguma coisa que devo fazer ou atitude que preciso adotar?
Emoções intensas geralmente indicam que é preciso fazer alguma coisa ou adotar alguma atitude para mudá-las. Algumas vezes, essa atitude envolve lidar com mágoas do passado, crenças inadequadas e orgulho ferido. Isso é especialmente verdadeiro se você identificar questões como as descritas nos passos 3 ou 5. Outras vezes, suas emoções estão sinalizando que precisa adotar outro tipo de ação. Se identificar claramente uma necessidade que seja razoável e não violar o que é dito nas Escrituras, peça a Deus que o ajude a adotar atitudes que o agradarão.

Algumas vezes, as ações e atitudes necessárias têm a ver com estabelecer limites ou com confrontar alguém. Em determinadas ocasiões também implicam fazer mudanças em sua vida e corrigir algo que você estava ignorando deliberadamente. Se for difícil para você identificar ações e atitudes que pode adotar para agradar a Deus, procure a ajuda de outros fiéis e/ou conselheiros.

▶ **ATIVIDADES RECOMENDADAS**

PRATIQUE OS SEIS PASSOS PARA ADMINISTRAR AS EMOÇÕES DE MANEIRA EFETIVA

Ao longo desta semana, pratique os seis passos descritos neste capítulo. Você pode trabalhar um incidente do qual se recorda ou pode aplicá-los a algum acontecimento que vivenciou durante a semana. Tenha em mente que eles se destinam a situações em que você experimenta emoções assustadoras e/ou intrigantes, ou a quando reage a uma situação de maneira autodestrutiva.

REVISE SEUS PLANOS

É impossível encontrar resposta para todos os seus problemas em um livro como este. Dedique um tempo extra àquelas seções e exercícios que sentir que são especialmente importantes para você. Se tiver lido este livro sozinho, avalie a possibilidade de formar um grupo para estudá-lo e para colocar os ensinamentos descritos em prática. No final do livro existe um questionário que pode direcionar e estimular a discussão em grupo. Muitas pessoas consideram que ouvir os outros discutindo ideias apresentadas num texto pode ser de grande ajuda para a compreensão dos conceitos e práticas apresentados.

UMA PERGUNTA PARA VOCÊ

No testemunho de Cricket, ela nos falou de como, apesar de ter frequentado a igreja quando criança e adulta, ninguém jamais havia lhe perguntado se aceitava Jesus em seu coração. Se você nunca aceitou Jesus como seu Senhor e Salvador, eu pediria que considerasse fazer isso agora ao:

- Reconhecer que é pecador e que precisa do Salvador – isso é geralmente chamado de rejeitar e afastar-se do pecado.
- Crer, do fundo de seu coração, que Deus ressuscitou Jesus entre os mortos depois de ele ter pagado por todos os nossos pecados.

- Entregar o controle de sua vida nas mãos de Jesus – isso é geralmente chamado de reconhecer Jesus como nosso Senhor e Salvador.

Se não souber como fazer isso, eis uma sugestão de prece:

> *Meu Deus e Senhor, violei suas leis e o pecado me afastou de ti. Estou profundamente arrependido e desejo abandonar minha vida de pecador para sempre. Por favor, perdoe-me. Creio que Seu filho, Jesus, morreu por mim na cruz, ressuscitou dentre os mortos e que agora ouve a minha prece ao seu lado.*
>
> *Peço então a Jesus que entre em minha vida e assuma o controle de todos os meus passos e de todos os meus pensamentos.*
>
> *Deposito minha inteira confiança no Senhor, meu Salvador, e aceito o dom da vida eterna que me concedeu.*

Se você aceitou Jesus em sua vida, o próximo passo é ser batizado como uma declaração pública de sua fé. Fale sobre o assunto com alguém que seja um cristão fiel ou com o seu pastor. Também é chegada a hora de começar a estudar a *Bíblia* e de participar mais dos grupos de sua igreja, a fim de que possa entender completamente o que é ser um cristão. Se não estiver fazendo isso, dê uma olhada no Apêndice 1, que traz sugestões de como encontrar uma boa igreja.

APÊNDICE 1

SUGESTÕES PARA ENCONTRAR UMA BOA IGREJA

Apesar de provavelmente haver muitas igrejas na região onde você mora, tenha em mente que está à procura de algo mais do que simplesmente um prédio e um bom discurso religioso. Você deseja encontrar uma comunidade de fiéis que reflita o corpo de Cristo. Esta é a igreja de verdade: fiéis que amam ao Senhor e amam uns aos outros. Nela você encontrará pessoas que amarão você e a quem poderá dar amor, além de ter a oportunidade de servir e crescer espiritualmente.

Primeiro passo

O provérbio diz: "Confia no Senhor de todo o teu coração e não te estribes no teu próprio entendimento. Reconheça-o em todos os teus caminhos e ele endireitará as tuas veredas." (Provérbios 3:5-6). Deus conhece tanto você quanto as igrejas na sua região. Peça a Ele que o guie àquela que for a melhor para você e que lhe dê discernimento para reconhecê-la. Faça isso regularmente até que encontre a igreja da qual Ele deseja que você faça parte.

Onde procurar

Um bom jeito de começar é conversando com seus amigos e parentes cristãos. Pergunte a eles que igreja frequentam, do que gostam e do que não gostam. É interessante também questioná-los se já estiveram em outras igrejas do seu bairro e o que sabem sobre elas.

Se você for novo na região ou não conhecer ninguém que frequente igrejas regularmente, dê uma olhada no jornal local ou na lista telefônica. Você também pode pesquisar na internet. Hoje em dia, muitas igrejas têm *sites* que podem lhe fornecer informações de como elas são. Além disso, você pode observar as igrejas que há em seu bairro enquanto circula pela região.

É melhor que encontre uma igreja próxima de você. Frequentar uma igreja distante de onde mora geralmente se torna uma desculpa para faltar. Quando ela fica perto, torna-se mais fácil participar de encontros de pequenos grupos, assim como de atividades no meio da semana. Por outro lado, às vezes vale a pena fazer um trajeto um pouco mais longo para pertencer a uma igreja que lhe proporcione um ambiente espiritualmente rico e afetuoso, no qual se desenvolva.

O que procurar

Ao avaliar uma igreja, lembre-se: ela não será perfeita. Toda igreja é composta de um grupo de pessoas que têm todos os defeitos encontrados em qualquer grupo. Cada igreja tem também a própria percepção e individualidade. Não espere que ela seja igual a outra que você já conheça. No entanto, boas igrejas compartilham das características a seguir.

A Bíblia é a base de sua doutrina

Jesus disse: "Minha mãe e meus irmãos são aqueles que ouvem a palavra de Deus e a praticam." (Lucas 8:21). Na parábola dos construtores sábios e tolos, Ele disse que o homem que "ouve minhas palavras e as coloca em prática" é como o construtor sábio, que assentou um alicerce profundo sobre a rocha para que a casa pudesse resistir à enchente quando fosse atingida (Lucas 6:46-49).

Uma boa igreja baseia sua doutrina na *Bíblia* e exalta Jesus Cristo em todas as suas atividades. Os discursos religiosos aprofundam seu conhecimento na Palavra de Deus. Eles não só entretêm, mas também desafiam você a sair da sua zona de conforto e a se tornar mais daquilo que Deus pretende que você seja: a imagem de Cristo.

Evite igrejas cujos ensinamentos foquem na psicologia, na política ou em outras fontes que não sejam a *Bíblia*. Embora seja fácil reconhecer isso apenas ao assistir aos cultos, a maioria das igrejas fornecerá um impresso contendo suas crenças se você pedir. Você também pode perguntar sobre o regime e a história da igreja.

Cultos cheios de verdade

Enquanto conversava com uma mulher samaritana, Jesus disse: "Mas a hora vem, e agora é, em que os verdadeiros adoradores adorarão o Pai em espírito e em verdade; porque o Pai procura a tais que assim o adorem. Deus é Espírito, e importa que os que o adoram o adorem em espírito e em verdade." (João 4:23-24). Por isso, durante o culto, observe se os que estão congregando estão apenas fingindo ou se idolatram e adoram a Deus de verdade.

Um clima de amor, alegria e união entre os membros

Jesus disse: "Nisto todos conhecerão que sois meus discípulos, se vos amardes uns aos outros." (João 13:35). Uma forma de reconhecer se o Espírito Santo está vivo e ativo numa congregação é por meio do amor e da afeição que seus membros têm uns pelos outros. Você deve se sentir bem-vindo e perceber uma amizade verdadeira entre a comunidade da igreja.

Oportunidades de Crescer em Cristo

Em um dos ensinamentos de Cristo, ele se comparou a uma videira e Deus a um agricultor, para enfatizar a necessidade de estar bem conectado com Deus. Então ele disse: "Nisto é glorificado meu Pai, que deis muito fruto; e assim sereis meus discípulos." (João 15:8). Mais adiante, ele destacou: "Eu escolhi a vós e vos designei para que vades e deis fruto – e que o vosso fruto permaneça." (versículo 15:16).

Dê uma olhada no boletim da igreja para ver se há pequenos grupos de estudo dos quais você possa fazer parte para aprofundar seus conhecimentos sobre a *Bíblia* e criar um ambiente de crescimento espiritual. Ser um membro de um grupo pequeno é um modo de estabelecer relações pessoais mais fortes e de descobrir, de forma experimental, as verdades mais profundas do *Evangelho*.

Se você tiver filhos, procure saber se os programas infantis e juvenis são apenas para entretenimento ou se trabalham de forma sólida os ensinamentos bíblicos. Bons programas juvenis também possibilitam aos jovens que participem de atividades missionárias e trabalhem nelas.

Oportunidades de fazer parte de serviços religiosos e de programas missionários

Após lavar os pés de seus discípulos, Jesus disse: "Eu vos dei o exemplo para que, como eu vos fiz, vós também façais." (veja João 13:12-17). Igrejas nas quais Cristo está ativo nos mostram esse ensinamento por meio de um núcleo missionário e também de programas que ajudam e servem a comunidade vizinha.

Como proceder

Uma vez que você tiver identificado a igreja que se enquadra no que precisa, assista a vários cultos religiosos para ter uma percepção geral da igreja. Antes de entrar nela, peça a Deus que lhe dê sabedoria para avaliá-la. Não se esqueça de consultar o boletim para ver quais tipos de grupo ela possui e quais atividades oferece. Pergunte se há um impresso que contenha as crenças e o histórico da igreja. Converse com os membros e pergunte-lhes do que gostam e do que não gostam na instituição.

Às vezes, você consegue reconhecer de imediato que uma igreja não é adequada para você. Porém, se não tiver certeza, frequente-a por um mês antes de tomar uma decisão. Geralmente, é difícil avaliá-la depois de comparecer a apenas um culto. Pode ser que você vá, por exemplo, num domingo em que haja um pastor convidado, um orador missionário ou alguma cerimônia especial, o que não lhe permitirá ter uma imagem completa do que a igreja realmente é. Após algumas visitas, se você estiver pensando em se tornar um membro, marque uma reunião com o pastor fora da cerimônia religiosa. Pergunte-lhe sobre seu histórico pessoal, suas crenças e seus planos para a igreja. (Você não deseja seguir cegamente alguém que você não conhece.)

Não tenha pressa em se tornar membro de uma igreja. Você está em busca de uma família que o ame e o aceite. Claro que você também precisa amá-la e aceitá-la. Desse modo, passe um tempo se socializando com os membros da igreja e conhecendo a instituição como um todo antes de se decidir.

APÊNDICE 2

SUGESTÕES PARA DESENVOLVER UMA ROTINA DE ORAÇÃO

Orar é simplesmente conversar com Deus, algo que você pode fazer enquanto dirige, trabalha, descansa em casa ou em qualquer outro momento. Deus deseja que você se sinta à vontade para falar com ele a qualquer hora do dia. Essa é a essência do relacionamento com Deus.

Além dessas conversas informais com Ele, é bom que tenha um momento reservado do seu dia, em que não haja interrupções, para comungar com Deus. Jesus fez isso regularmente. Você pode encontrar nos evangelhos muitos exemplos de Jesus se retirando das multidões para ficar sozinho e orar.

Aprender a desenvolver um hábito de oração individual e regular é como iniciar uma rotina de exercícios físicos. É prudente começar aos poucos. À medida que os músculos se desenvolvem, você pode fazer exercícios que exigem mais esforço e por períodos mais longos. Da mesma forma, comece uma rotina de oração regular curta, de cinco a dez minutos. Quando você começar a obter os benefícios de um momento regular sozinho com Deus, provavelmente vai desejar ficar mais tempo em oração.

Embora haja muitas maneiras de passar o seu tempo com Deus, as ideias a seguir fornecem uma boa forma de começar.

Escolha um horário e um lugar
Escolha um horário e um lugar em que você não será incomodado. Muitas pessoas gostam de orar no início do dia. No entanto, se você não for uma pessoa matutina, escolha um momento no decorrer do dia ou durante a noite em que sua mente esteja mais livre.

Prepare seu coração e sua mente
O modo mais comum de as pessoas tirarem sua atenção do mundo e voltá-la para Deus é começando sua oração com uma breve leitura da *Bíblia* ou de uma boa devoção. Se você não sabe o que ler, peça ajuda ao seu pastor ou a um amigo cristão mais experiente. Há excelentes devoções e planos de leitura bíblica disponíveis em livros ou na internet. Você também pode receber devoções diárias via *e-mail*. Além disso, algumas pessoas acham que começar seu momento de oração ouvindo músicas religiosas ajuda a preparar seu coração para a submissão.

Agradeça as bênçãos que recebeu
As pessoas geralmente veem a oração como um simples momento de apresentar a Deus uma lista de coisas que desejam. Esse não é o modo de se aproximar de alguém que você ama. Em vez disso, tire um momento para refletir sobre o(s) dia(s) anterior(es), agradeça a Deus pelas coisas que ocorreram e o glorifique. As pessoas que veem Deus apenas como um "Papai Noel universal" não aprendem a importância de agradecer e de refletir sobre como Deus se importa conosco em nosso dia a dia.

Reflita sobre suas falhas e confesse seus pecados
Identifique momentos durante o dia anterior em que você tenha agido de forma não amável com as outras pessoas em razão de alguma raiva ou ressentimento que você está guardando. Confesse isso a Deus e peça a Ele ajuda para reagir nessas situações do modo que Ele deseja que você o faça. Tenha em mente que isso não é uma questão de salvação. Uma vez que você tenha aceitado Cristo como seu Salvador, está salvo. No entanto, os pecados distanciam você de Deus.

Pedir perdão nos torna mais humildes e nos coloca mais próximos de Deus. É por essa razão que Tiago, enquanto falava da necessidade de se submeter a Deus, citava Provérbios 3:34: "Deus opõe-se aos soberbos, mas dá graça aos humildes." (Tiago 4:6). Ele então diz: "Se aproxime de Deus e ele se aproximará de você." (versículo 8). Esses são temas comuns tanto no *Velho Testamento* como no *Novo Testamento*.

Enquanto você confessa seus pecados e falhas, fique atento aos pensamentos que Deus está lhe enviando sobre as ações que você precisa tomar. Quanto mais praticar isso, mais facilmente vai ouvir o direcionamento Dele.

Apresente suas súplicas a Deus

Você agora está pronto para apresentar suas súplicas a Deus. Enquanto faz isso, considere o que Deus deseja que aprenda por meio de cada experiência ou situação que você apresenta diante Dele. Não se esqueça de também pedir por orientação de como ser da melhor forma Seu agente diante das circunstâncias difíceis que está enfrentando.

À medida que pratica o ato de oração, você vai perceber que deixa cada vez mais de lado estas diretrizes. Isso é bom. Quando você desenvolve a capacidade de oração, descobre muitos outros modos de estar com Deus. Por exemplo, você pode apenas passar um tempo em silêncio depois de qualquer um de seus momentos de oração. Estar em silêncio permite que Deus lhe traga pensamentos que em outras circunstâncias você estaria muito ocupado para ouvir. Essa é uma maneira importante de Deus falar conosco, por exemplo: um momento de silêncio depois de ler uma passagem ou devoção bíblica pode permitir que você reconheça verdades mais profundas do texto; silêncio após ação de graças pode aprofundar sua apreciação do amor de Deus; silêncio depois de súplicas pode oferecer um entendimento mais profundo de como Deus está usando circunstâncias dolorosas para tornar você a pessoa que Ele deseja que seja.

Outro modo de aprender a orar mais efetivamente é orando em conjunto. Torne-se um membro de um grupo de oração de sua igreja, no qual possa orar com pessoas que tenham uma vida rica em oração. Há muitos bons exemplos de oração na *Bíblia*, como a *Oração do Senhor* em Mateus 6:9-13. Paulo frequentemente abria e fechava suas cartas com excelentes exemplos de oração (outros exemplos de oração por Paulo podem também ser encontrados ao longo de suas escritas). Ler um desses exemplos no início de sua oração é um ótimo modo de iniciá-la. Os salmos também podem ser uma fonte rica para começar suas orações.

APÊNDICE 3

SUGESTÕES DE COMO PROCURAR AJUDA

A primeira questão a ser considerada quando se busca por orientação para problemas emocionais é "Que tipo de ajuda eu desejo?". Isso pode soar um pouco simplista num primeiro momento, mas há diferentes tipos de auxílio disponíveis. Por exemplo, muitos acham que os grupos de autoajuda fornecem toda a assistência de que precisam; outros já acreditam que necessitam de orientação individual. Dentro de cada um desses dois tipos gerais você encontra grupos e conselheiros que utilizam uma abordagem meramente secular e outros que oferecem um embasamento religioso rico, fundamentado em sólidos princípios bíblicos.

Três características principais dos conselheiros e grupos de autoajuda cristãos que os diferenciam dos seculares são as seguintes:

- Os líderes de seus grupos ou seus conselheiros individuais são cristãos.
- Cristo é o centro de tudo que é realizado.
- Tudo que é realizado consiste em princípios bíblicos.

Uma dificuldade quando se procura por orientação é o fato de ser difícil encontrar recursos cristãos em algumas áreas. Mas isso não é necessariamente um problema. Da mesma forma que uma perna quebrada pode ser recuperada por um médico não cristão, alguns problemas emocionais têm aspectos principalmente físicos e mentais e podem ser tratados eficazmente por grupos ou conselheiros não cristãos.

Ao receber ajuda de fontes não cristãs, saiba que os aspectos espirituais de seu problema, como foi discutido no livro, não estão sendo trabalhados. Encontrar modos de tratá-lo por meio de orientação religiosa ou de um grupo fundamentado na igreja pode ser a chave para uma cura completa. Saiba também que grupos de autoajuda e conselheiros seculares geralmente têm uma visão de mundo bem diferente da bíblica. Isso não é necessariamente um problema contanto que você esteja ciente disso. No entanto, em alguns casos, a orientação pode ser improdutiva quando o grupo ou o conselheiro individual é hostil ao cristianismo e às ideias da *Bíblia*.

Entre os grupos de autoajuda, há grupos baseados em princípios cristãos, e também grupos patrocinados por igrejas e programas como seminários de reparação matrimonial. Ademais, há muitos grupos seculares como Alcoólicos Anônimos e grupos de autoajuda patrocinados por organizações de saúde mental. Muitos problemas de fundo emocional contam com organizações próprias que podem fornecer bons recursos como o Obsessive-Compulsive Foundation e o Depression and Bipolar Support Alliance.

UTILIZANDO A INTERNET
PARA ENCONTRAR RECURSOS

Quando procurar por autoajuda ou por grupos educativos na sua região, comece com uma simples busca na internet. Digite o problema que está enfrentando, por exemplo "síndrome do pânico" ou "depressão", e acrescente o nome de sua cidade. Veja como eu faria a entrada em um sistema de busca se estivesse procurando por recursos locais para a síndrome do pânico:

"síndrome do pânico" São Paulo

Observe que as aspas indicam para o sistema de busca procurar primeiro por "síndrome do pânico". O nome da minha cidade fora das aspas vai direcionar a busca para as entradas que também tiverem a pa-

lavra "São Paulo". Se eu quisesse procurar por organizações nacionais que tratam a síndrome do pânico, eu digitaria:
"síndrome do pânico" organização nacional

LOCALIZANDO CONSELHEIROS INDIVIDUAIS

Em se tratando de conselheiros individuais, há cinco tipos principais de ajuda disponível:

- **Conselheiros pastorais** – Podem ser ministros, padres ou conselheiros seculares ligados a uma igreja. Alguns possuem vasto treinamento em orientação, outros não.
- **Psiquiatras** – São médicos especializados em tratar desordens mentais com componentes biológicos, como depressão biológica e desordem obsessivo-compulsiva. Por serem médicos, podem prescrever medicamentos.
- **Psicólogos** – Geralmente têm doutorado em Psicologia.
- Terapeutas matrimoniais e de família – Geralmente possuem mestrado e, às vezes, doutorado em Direito ou Psicologia.
- **Assistentes sociais** – Os assistentes sociais que conduzem terapias individuais são, em geral, chamados de assistentes sociais clínicos. Comumente possuem mestrado e, às vezes, doutorado em Ciências Sociais.

Seguem algumas perguntas que você pode fazer a um conselheiro individual quando estiver procurando orientação:

- Você é cristão? Se sim, que papel o cristianismo tem nas suas orientações?
- Você ora com seus clientes?
- Você usa as Escrituras Sagradas nas orientações?
- Se não, como se sente ao trabalhar com cristãos?
- Você tem crenças religiosas ou espirituais? Se sim, quais são elas?

- Que tipo de treinamento ou experiência você possui para o meu tipo de problema?
- Que tipo de abordagem você usa para problemas como o meu?
- O que você recomenda? Qual(is) de seus encaminhamentos é(são) coberto(s) pelo convênio?
- Com que frequência nos encontraremos?
- Quantas sessões você acha que serão necessárias para resolver o meu problema?

Depois de ir a um grupo de autoajuda ou a um encontro com um conselheiro individual duas ou três vezes, pergunte a si mesmo:

- Sinto-me à vontade com essa pessoa/esse grupo?
- É confiável dizer tudo o que eu quiser?
- Eu saio dos encontros com a sensação de que alguma coisa positiva ocorreu?
- A abordagem faz sentido para mim e parece relevante para o meu problema?
- Um plano de ações com objetivos claros tem sido desenvolvido?
- Quando oro a respeito das sessões de orientação ou sobre coisas que aconteceram no grupo, eu tenho a confirmação de que estou no lugar certo?

Se você responder não a qualquer uma dessas perguntas, reconsidere seriamente se o grupo ou o conselheiro individual é o certo para você.

Tanto para procurar por ajuda como para avaliar a orientação que está recebendo, geralmente é bom conversar com seu pastor, com um membro mais velho da igreja ou com um amigo cristão experiente, no qual você confie. Além disso, Deus deu a você intelecto e habilidade para avaliar pessoas e acontecimentos. Ele espera que os use quando procurar por ajuda. Sempre reserve um tempo para orar por um encontro ou uma sessão que teve. Considere as coisas que lhe falaram e pediram que você fizesse para ter a certeza de que elas estão alinhadas com as verdades que a *Bíblia* ensina e para perceber se elas são adequadas às suas necessidades e situação. Certifique-se de que você pediu a Deus que lhe desse sabedoria enquanto faz isso.

Não há problema em parar a orientação com alguém se você achar que não está havendo progresso ou que o trabalho está sendo improdutivo. Não tenha medo de falar francamente e de expor sua preocupação sobre um progresso lento ou a ausência de progresso com o seu conselheiro. Se ele reagir negativamente, será uma indicação importante de que ele pode não ser a pessoa adequada.

QUESTÕES PARA DISCUSSÃO EM PEQUENOS GRUPOS

PREPARANDO-SE

Vocês estão prestes a fazer uma viagem juntos. Durante esta primeira sessão é importante conhecer um ao outro e estabelecer uma direção para si próprio, bem como para o grupo. [Por isso:]

- Se houver membros do grupo que não se conhecem, recomenda-se que todos tenham crachás para os três primeiros encontros.
- Todos deveriam ter a própria cópia do livro logo no início da primeira reunião. Se os livros vão ser comprados individualmente, eles podem ser distribuídos na primeira reunião.
- Resolvam em grupo se haverá um *coffeebreak*. Se sim, como os alimentos serão fornecidos?
- Decidam também se uma única pessoa vai liderar as reuniões ou se haverá revezamento. Se houver revezamento, como isso será feito?

Um roteiro comum a muitos pequenos grupos que se reúnem fora da igreja é o seguinte:

- Estudo
- Oração
- Solidariedade/Descansos
- Se vocês estão se encontrando na igreja aos domingos, durante o horário de estudo da *Bíblia*, é comum haver uma discussão seguida de um breve momento de oração.

Conforme vocês avançam nas questões de discussão de cada capítulo, não se sintam na obrigação de responder a todas as perguntas. Elas são simplesmente um ponto de partida. Às vezes, os grupos acham que uma discussão aprofundada de algumas questões é mais produtivo do que completar todas elas. Também pode haver momentos em que um capítulo gere um debate importante que não esteja relacionado com as perguntas.

Estejam dispostos a ir aonde o Espírito Santo levá-los.

CAPÍTULO 1: O MISTÉRIO DAS EMOÇÕES

1. Reserve um tempo para conhecerem uns aos outros compartilhando:

    - O nome de cada um;
    - As coisas de que mais gostam de fazer;
    - Por que cada um se juntou a este grupo;
    - O que vocês gostariam de aprender com esse estudo.

2. Como, no passado, você enxergou as emoções? O que são elas e por que as temos?
3. Leia Gênesis 1:31. Como o versículo se aplica às emoções?
4. Você já ouviu falar ou acreditou que algumas emoções são ruins? Se sim, quais? Por quê?
5. As diversas formas de raiva e medo podem ser boas?
6. Emoções como a inveja ou a ganância são sempre boas ou ruins?
7. Leia Lucas 19:41, João 11:32-36, Marcos 11:15-17 e Mateus 14:14. Qual é o papel que as emoções tinham na vida de Jesus?
8. Dê um exemplo de quando suas emoções ajudaram você.
9. Dê um exemplo de quando as suas emoções o conduziram ao erro ou lhe causaram problemas.

CAPÍTULO 2: O LADO SUBJETIVO DAS EMOÇÕES

1. Do que você especialmente gostou ou não gostou neste capítulo? Por quê

2. A ideia de nunca podermos saber exatamente como uma pessoa está sentindo ou vivenciando um acontecimento tem alguma importância em relação à forma como você interage com os outros? Explique.
3. O capítulo começou com a história da experiência de John em uma estrada e mostrou de que forma ela trouxe um novo significado às coisas que ele aprendeu na autoescola. Descreva um incidente cuja experiência despertou em você emoções que reforçaram a importância de alguma informação que tinha aprendido.
4. Como a experiência de um culto em que você está emocionalmente envolvido difere de quando você não está emocionalmente envolvido?
5. O capítulo afirmou: "Experiências que o afetam de uma maneira importante recebem uma espécie de 'selo' emocional. As emoções associadas com o que você aprendeu o ajudam a organizar e a controlar seu comportamento, conduzindo sua atenção e energia para as atividades mais importantes, em detrimento das menos importantes". De que maneira suas experiências como cristão mudaram seu entendimento de Deus e do que Ele deseja?
6. Descreva um momento em que experienciou uma frustração ou perda e como Deus usou isso para torná-lo mais semelhante à imagem de Cristo e/ou para abençoar outras pessoas.
7. Leia João 15:1-4. O que Jesus quer dizer quando fala em ser "frutífero"? (Ver Gálatas 5:22-23; Romanos 1:13; Colossenses 1:3-7.)
8. O que Jesus quer dizer quando fala "permaneça em mim"? (Ver João 6:53-58 e versículo 35; João 8:31-32; e Lucas 8:15.) Como você põe isso em prática?
9. Leia Efésios 4:14-16. O que Paulo está querendo dizer nesses versículos? Que papel a igreja tem em impedir que você seja "lançado para frente e para trás pelas ondas, e soprado para cá e para lá por qualquer vento de doutrina"?
10. Se você tem sido um membro ativo de uma igreja, o que isso tem significado para você na sua caminhada ao lado de Deus? De que forma seu caminho espiritual muda quando você se distancia da sua igreja?

CAPÍTULO 3: O LADO FÍSICO DAS EMOÇÕES

1. Do que você especialmente gostou ou não gostou nesse capítulo? Por quê?

2. Leia Salmos 139:13-16. Quais novos conhecimentos você adquiriu neste capítulo sobre como você é "assombrosamente e maravilhosamente feito"?
3. Ao descrever como seu cérebro processa muitas informações sem que você tenha consciência disso, foi utilizado neste capítulo o exemplo de dirigir um carro. Descreva uma situação em que você não estava prestando atenção enquanto dirigia, mas sua mente o alertou de uma manobra que precisava ser feita ou de algum perigo que corria. Como isso se relaciona com o seu dia a dia?
4. O capítulo descreveu como as amídalas conferem um "selo emocional" às lembranças associadas ao perigo. Descreva alguma coisa que aconteceu com você, de positivo ou negativo, da qual nunca esquecerá.
5. Em que essa lembrança difere das outras lembranças que você tem? Como ela tem afetado sua vida?
6. Quando a resposta de luta ou de fuga descrita no capítulo o ajudou? Em que situações ela lhe causou problemas?
7. O capítulo discutiu o papel que os medicamentos podem ter ao lidar com problemas emocionais. Você concorda que os medicamentos podem ajudar no controle de alguns problemas emocionais? Explique. Se você não concorda com isso, exponha o motivo.
8. Se os medicamentos foram úteis para você ao lidar com alguma questão emocional, descreva essa experiência.
9. As Atividades Recomendadas discutiram a importância de passar um tempo sozinho com Deus. Você tem um momento regular sozinho com Ele? Em caso negativo, o que o impede de fazer isso?
10. Se você possui um tempo regular para orar e meditar, o que você faz nesse momento? Como esse tempo sozinho com Deus tem mudado sua vida?
11. O que você sugeriria a alguém que deseja passar um tempo sozinho com Deus mas acha isso difícil?

CAPÍTULO 4: SEJA UM SÁBIO CONDUTOR DE SEU CORPO

1. Do que você especialmente gostou ou não gostou nesse capítulo? Por quê?

2. Leia 1 Coríntios 6:19-20, Efésios 2:21-22, Romanos 12:1 e Romanos 6:13. Esses versículos descrevem de que maneira o corpo, como templo do Espírito Santo, é destinado a glorificar a Deus em missões religiosas ou nos cultos e para se tornar um instrumento de equidade. A mensagem tirada desses versículos é que precisamos ser sábios condutores do corpo maravilhoso que nos foi dado.

3. O que "ser um sábio condutor do seu corpo" significa para você?

4. O capítulo falou da importância de dormir um número de horas suficiente. Com base no que você leu, você dorme o suficiente todo dia? Por quê?

5. O que já o impediu de dormir um número de horas adequado para você? Como você pode superar esse obstáculo?

6. O capítulo discutiu o "descanso sabático". Você costuma praticar isso?

7. O capítulo abordou a necessidade de ficarmos atentos aos "indicadores de estresse" – sinais de que o estresse está interferindo na nossa habilidade de pensar e desenvolver nossas tarefas rotineiras. Quais indicadores-chave você identificou?

8. Fale sobre um período em que ignorou sinais de que o estresse estava começando a afetá-lo de forma perigosa.

9. Como você poderia reduzir atividades desnecessárias em períodos de muito estresse? Especifique. Você já faz isso?

10. O capítulo discute a necessidade de reservar mais tempo e de consultar outras pessoas antes de tomar decisões quando estiver estressado. Descreva uma decisão precipitada que você tomou quando estava sob estresse. Como você pode aplicar a ideia de levar mais tempo para tomar decisões e de consultar outras pessoas em ocasiões futuras em que estiver estressado? Especifique.

11. Como você aplica a ideia de fazer pequenos intervalos depois de períodos de atividade intensa? Se você não faz isso, o que poderia fazer de agora em diante? Especifique.

CAPÍTULO 5: O LADO MENTAL DAS EMOÇÕES

1. Do que você gostou ou não gostou nesse capítulo? Por quê?

2. Leia a história de Davi e do rei Saul descrita em 1 Samuel 24. Em que a interpretação de Davi sobre os acontecimentos diferiu da de seus homens? Por que os homens de David viram os acontecimentos de forma tão diferente?
3. Descreva uma ocasião em que você interpretou um acontecimento muito diferente de uma pessoa próxima a você. O capítulo discutiu como a maioria de suas emoções resulta de como você interpreta os fatos. Esse processo foi esquematizado assim:

> acontecimento → interpretação → emoção → ação

O capítulo então explicou como interpretações que provocam emoções estão ligadas às suas necessidades e podem ser divididas em três categorias principais:

- Uma necessidade que tem sido ou que pode ser suprida;
- Uma ameaça que existe ou que pode vir a existir em breve;
- Algum tipo de perda que ocorreu ou pode ocorrer. Relate uma reação emocional que você teve em razão de uma das interpretações acima.

4. Como a caminhada com Deus e o estudo da *Bíblia* têm mudado a sua interpretação dos acontecimentos?
5. O capítulo discutiu a diferença entre "saber" algo e "compreender" algo. Mais adiante abordou como essa diferença é o resultado da experiência, como foi exposto no Capítulo 2. Também foi dito que o verdadeiro entendimento se reflete em mudanças de comportamento. Descreva uma verdade bíblica com base na qual você tenha vivenciado tanto o fato de sabê-la quanto o de compreendê-la, o que foi indicado por mudanças no seu comportamento.
6. Descreva uma verdade bíblica que você conheça mas que seu comportamento ainda indique que não a compreendeu completamente.
7. O capítulo discutiu como Satã é o "pai da mentira". O que isso significa para você? Como você enxerga tal fato no mundo à sua volta?
8. O capítulo listou algumas crenças que servem de base para propagandas e programas aos quais você assiste e para materiais seculares que você lê. Descreva duas dessas crenças que tenha observado.

9. Algumas dessas crenças refletiram como você às vezes pensa? Se sim, quais? Como?

CAPÍTULO 6: CRENÇAS PRINCIPAIS

1. Do que você especialmente gostou ou não gostou neste capítulo? Por quê?
2. O capítulo descreveu como uma importante mudança em uma crença destrutiva transformou radicalmente a vida de Claudia. Você já vivenciou uma mudança como essa? Explique.
3. No capítulo foi exposto que às vezes somos cientes de nossas crenças centrais destrutivas, mas que também podemos não ter total consciência delas. No entanto, elas sempre se refletem em como pensamos e agimos. Enquanto lia os exemplos de crenças destrutivas, qual você identificou como existente em sua vida, no passado ou no presente, em cada uma destas áreas:

- Você mesmo: sua personalidade, forças e fraquezas.
- A natureza do relacionamento entre as pessoas.
- O mundo ao seu redor.
- A natureza de Deus.

4. O capítulo discutiu como nossas crenças principais geralmente são uma mistura de verdades e crenças destrutivas. Que crenças principais em consonância com verdades bíblicas o ajudaram a ser o que Deus deseja que você seja em cada uma das áreas seguintes (já listadas no exercício acima)?

- Você mesmo: sua personalidade, forças e fraquezas.
- A natureza do relacionamento entre as pessoas.
- O mundo ao seu redor.
- A natureza de Deus.

5. O capítulo abordou a importância da autoavaliação periódica. Você faz isso? Por quê?
6. Se sua resposta foi sim, compartilhe com o grupo quando e como você pratica a autoavaliação.

7. Leia 2 Coríntios 7:8-11. Qual é a diferença entre tristeza religiosa e tristeza secular?
8. Como você pode sanar a tristeza secular?
9. As Atividades Recomendadas apresentaram o seguinte modelo de como abordar alguém que você tenha prejudicado:

- Arrependa-se: "Sinto muito pelo que fiz.".
- Peça perdão: "Por favor, perdoe-me.".
- Peça para corrigir seu erro: "Há algo que eu possa fazer para reparar o que fiz? (Talvez você já tenha ideia do que pode fazer. Se já souber, pergunte: "Posso...?".)

Fazer isso é fácil para você? Por quê? O que pode ajudá-lo a fazer o que foi sugerido acima quando for preciso?

CAPÍTULO 7: A JANELA DA ALMA

1. Do que você especialmente gostou ou não gostou nesse capítulo? Por quê?
2. O capítulo expôs que há muitos aspectos da realidade sobre os quais a Bíblia é omissa ou muito vaga. Quais são as áreas da Bíblia que você gostaria que fossem mais específicas? Por quê?
3. Como você reagiu à ideia de que precisamos nos conformar em "não saber"? Para você é fácil ou difícil não saber todos os detalhes? Explique.
4. O que significa "espiritual" para você?
5. Como você interpreta os conceitos de alma e espírito?
6. Leia os seguintes versículos mostrados no capítulo 7: Salmos 43:5; Lamentações 3:20; Salmos 35:9; Hebreus 10:38 ; Mateus 26:38; João 12:27; e Efésios 6:6. Todos esses versículos usam a palavra hebraica ou grega para "alma". Como essa palavra está sendo neles usada?
7. Leia os seguintes versículos mostrados no capítulo 7: Jó 41:15-16; Zacarias 12:1; Eclesiastes 12:7; João 3:8; Romanos 8:16; e Lucas 8:55. Todos esses versículos usam a palavra hebraica ou grega para "alma". Como essa palavra está sendo usada neles?

8. O que acontece quando você não está junto de Deus?
9. O capítulo explicou que suas emoções revelam sua verdadeira condição espiritual. Você concorda ou discorda? Explique.
10. Descreva um momento em que suas emoções revelaram algo que você não gostou sobre como estava espiritualmente.
11. Descreva um momento em que suas emoções revelaram que um verdadeiro crescimento espiritual tinha ocorrido.
12. Compartilhe a experiência que teve ao fazer a atividade recomendada na qual refletiu a respeito do que suas emoções revelam sobre sua condição espiritual.

CAPÍTULO 8: AS EMOÇÕES E A VONTADE DE DEUS PARA VOCÊ

1. Do que você gostou ou não gostou nesse capítulo? Por quê?
2. Leia Provérbios 3:5-6; Salmos 32:8; e Efésios 5:15-17. O que esses versículos lhe dizem?
3. Esse capítulo afirmou que a verdade é que a vontade individual de Deus para você não é um segredo que precisa ser revelado, que Deus não se esconde e nem mesmo esconde o que Ele deseja de você. Segundo o capítulo, a Bíblia é muito clara a respeito de nós sermos capazes de saber a vontade Dele. Você concorda ou não com essa afirmação? Por quê?
4. O capítulo afirmou: "É certo que o que Deus deseja é o mesmo para todos os fiéis. Não é um plano rigoroso e específico, mas sim uma meta: 'ser conforme a imagem de Seu Filho' (Romanos 8:29)." Mais adiante é dito: "A vontade moral de Deus é a vontade individual Dele para você." Você concorda ou não com essa afirmação? Explique.
5. Que aspecto da vontade de Deus você acha mais difícil para sua vida?
6. Na analogia de viajar de Sacramento a Nova York, foi dito no capítulo que Deus às vezes manda uma mensagem muito pessoal e específica sobre um perigo que você está correndo ou alguma coisa que Ele deseja que você faça. Descreva uma situação em que Deus quis que você fizesse alguma coisa ou em que lhe avisou de algum perigo.
7. No capítulo foi afirmado que um dos propósitos das emoções é vivenciar o amor e a alegria, que são a essência de Deus. Como você tem vivenciado isso na sua vida?

8. No capítulo também foi dito: "Nos capítulos anteriores, você viu como as emoções nos levam a tomar atitudes e nos ajudam a reagir diante de um perigo, a aprender a priorizar informações e também a nos comunicar uns com os outros. Cada uma dessas funções emocionais tem um lado espiritual que, quando estão sob o direcionamento do Espírito Santo, pode nos alertar de perigos espirituais, ajudando-nos a entender a natureza e a vontade de Deus e a ouvir e a responder ao comando Dele." O modo como você tem experienciado as emoções revela que você tem caminhado ao lado de Deus?

9. Leia os mandamentos em Êxodo 20:1-17. Qual mandamento é o mais difícil de obedecer?

10. Quais mandamentos se tornaram mais fáceis de cumprir e ajudam a aprofundar a sua fé?

CAPÍTULO 9: COMO DEUS FALA COM VOCÊ

1. Do que você especialmente gostou ou não gostou nesse capítulo? Por quê?

2. Leia Marcos 7:21-22. Como isso interfere na sua relação com Deus?

3. O capítulo abordou como a incapacidade de perdoar pode se manifestar de muitas formas, como mágoa, ódio, maldade, rancor e ressentimento. Descreva uma situação em que essa incapacidade interferiu na sua relação com Deus.

4. Leia Mateus 6:24 e 1 João 2:15-17. Relate uma situação em que priorizou outras coisas em detrimento de Deus e como isso afetou sua vida.

5. Descreva como a sua vida difere quando está separado do Corpo de Cristo, a igreja, de quando você está conectado a ele.

6. Que disciplinas religiosas você pratica? Quais são especialmente importantes para você?

7. Como a prática das disciplinas religiosas afeta sua fé e sua relação com Deus?

8. O que interfere na sua prática das disciplinas? O que o ajuda a manter a prática das disciplinas religiosas?

9. Dê um exemplo de como Deus:

- Tem usado a *Bíblia* para falar com você.
- Tem falado com você por meio de outra pessoa.
- Tem se comunicado com você de algum outro modo.

10. Você já se enganou tentando se convencer de que Deus estava falando com você apenas porque queria alguma coisa com muita intensidade? Se sim, compartilhe essa experiência e o que você aprendeu com ela.

CAPÍTULO 10: EMOÇÕES QUE SURGEM INESPERADAMENTE

1. Do que você gostou ou não gostou nesse capítulo? Por quê?
2. O capítulo abordou o importante papel que as reações emocionais condicionadas têm em nosso dia a dia. Um desses papéis é o modo como nos confortamos; um exemplo é a predileção de Kim por biscoitos de amêndoas. Quais são os alimentos, os lugares e as atividades infantis que você ainda usa para confortar a si mesmo? Descreva como essas predileções se desenvolveram quando era criança e como você as utiliza hoje em dia.
3. O capítulo retomou a parábola dos seis cegos que encontraram um elefante para relatar como as reações emocionais condicionadas estão interligadas com as crenças principais e com questões religiosas. Escolha uma reação emocional condicionada que você identificou a partir da questão anterior e compartilhe como ela está relacionada a uma de suas crenças principais e/ou a uma questão religiosa com a qual você está lidando.
4. O capítulo falou de uma abordagem simples, de duas etapas, chamada "o que está acontecendo, o que é real", para controlar as reações emocionais condicionadas negativas. Como você poderia usar esta abordagem? Se já tentou, relate uma experiência que teve ao usar essa abordagem.
5. Como as pessoas que criaram você administravam a raiva, o medo, a frustração, a tristeza e o sofrimento?
6. Compartilhe um exemplo de como o modo de você lidar com a raiva, o medo, a frustração, a tristeza ou o sofrimento foi moldado a partir das pessoas que o criaram e educaram.

7. De que modo os comportamentos espelhados no de seus pais para controlar as emoções o beneficiaram ou prejudicaram?

CAPÍTULO 11: EMOÇÕES QUE SÃO TABUS

1. Do que você especialmente gostou ou não gostou nesse capítulo? Por quê?
2. Leia Gênesis 2:25. O que mudou o relacionamento livre e sincero que Adão e Eva tinham um com o outro e com Deus?
3. Por que as pessoas escondem coisas delas mesmas, dos outros e de Deus?
4. Descreva uma emoção que era desconfortável para você no passado. Por que você acha que ela o incomodava? O que você faz quando sente essa emoção hoje em dia? Ela ainda o deixa desconfortável? Se não, o que fez isso mudar?
5. Leia o exemplo do primeiro exercício das Atividades Recomendadas do Capítulo 11. Para você é fácil ou difícil usar uma linguagem emocional correta? Se for difícil, por que acha que tem essa dificuldade?
6. Ao abordar o uso de palavras vagas para descrever as emoções, as Atividades Recomendadas expôs que às vezes é apropriado fazer uso dessas palavras. Os exemplos citados incluem situações sociais nas quais as pessoas simplesmente não estão interessadas em ouvir todos os detalhes da sua vida e momentos em que você está lidando com pessoas que não são dignas de confiança. Para você é fácil ou difícil ser vago quando não é apropriado ou sensato compartilhar muito da sua vida? Explique.
7. Que tipos de modelo emocional você teve quando estava crescendo?
8. Havia alguns tipos de emoção que raramente ou nunca eram demonstrados na sua casa? Algumas emoções eram rotuladas de erradas ou ruins? Essas emoções incluem as que você normalmente não demonstra ou que talvez nunca tenha experimentado?
9. De que modo a forma de lidar com as emoções aprendida durante seus anos de formação influenciou a maneira como você vê Deus e interage com Ele?

10. O capítulo abordou como lidar com emoções consideradas tabus o ajuda a solucionar questões que você já identificou mentalmente. Compartilhe como isso funciona com você.

CAPÍTULO 12: A VERDADEIRA CURA EMOCIONAL

1. Do que você especialmente gostou ou não gostou nesse capítulo? Por quê?
2. Leia Efésios 6:12. Como você tem experienciado essa verdade na sua vida?
3. Leia Coríntios 2:14. O capítulo discutiu o exemplo de Warren conversando com a terapeuta que estava trabalhando com o garoto que adotou. A terapeuta não conseguia entender como Warren tinha feito com que o garoto progredisse tanto. Descreva uma situação como essa que você tenha experienciado.
4. O capítulo afirma: "Toda cura verdadeira vem de Deus por meio do Espírito Santo". Mais adiante o capítulo traz os depoimentos de J. W. e Cricket. Como essa questão tem sido verdadeira na sua vida?
5. O capítulo destaca os seis passos abaixo para a administração efetiva das emoções.

    Passo 1: O que estou sentido?
    Passo 2: O que provocou essa emoção?
    Passo 3: Minha resposta emocional foi apropriada?
    Passo 4: Minhas ações foram apropriadas?
    Passo 5: O que Deus quis que eu aprendesse com isso?
    Passo 6: Há alguma ação ou atitude que eu deva tomar?

    Relate uma situação em que uma ou mais dessas etapas foi(foram) especialmente importante(s) para você.

6. Qual dessas etapas é a mais difícil para você? Por quê?
7. Qual é etapa é a mais importante para você?
8. Qual é o aprendizado mais importante que você vai levar deste livro?

Este livro foi composto em fonte Fairfield LT e impresso pela Orgrafic Gráfica
e Editora para a Editora Prumo Ltda.